U0453167

中共山东省委党校（山东行政学院）重大项目攻关创新科研支撑项目（编号：2023CX033）

山东半岛城市群产业分工合作演化研究

王春萌 著

中国社会科学出版社

图书在版编目（CIP）数据

山东半岛城市群产业分工合作演化研究/王春萌著.—北京：中国社会科学出版社，2023.8
ISBN 978-7-5227-1685-5

Ⅰ.①山…　Ⅱ.①王…　Ⅲ.①城市群—产业合作—研究—山东半岛　Ⅳ.①F299.275.2

中国国家版本馆 CIP 数据核字（2023）第 052892 号

出 版 人	赵剑英	
责任编辑	刘晓红	
责任校对	周晓东	
责任印制	戴　宽	
出　　版	中国社会科学出版社	
社　　址	北京鼓楼西大街甲 158 号	
邮　　编	100720	
网　　址	http://www.csspw.cn	
发 行 部	010-84083685	
门 市 部	010-84029450	
经　　销	新华书店及其他书店	
印　　刷	北京君升印刷有限公司	
装　　订	廊坊市广阳区广增装订厂	
版　　次	2023 年 8 月第 1 版	
印　　次	2023 年 8 月第 1 次印刷	
开　　本	710×1000　1/16	
印　　张	12.75	
插　　页	2	
字　　数	193 千字	
定　　价	69.00 元	

凡购买中国社会科学出版社图书，如有质量问题请与本社营销中心联系调换
电话：010-84083683
版权所有　侵权必究

前　言

在经济全球化、"互联网+"、大数据迅速发展的今天，产业分工合作所带来的生产效率的提高及对区域发展的促进作用日益得到重视，城市群发展面临着产业结构转型升级和产业分工合作优化调整的客观现实。党的二十大报告指出，我们要坚持以推动高质量发展为主题，把实施扩大内需战略同深化供给侧结构性改革有机结合起来，增强国内大循环内生动力和可靠性，提升国际循环质量和水平，加快建设现代化经济体系，着力提高全要素生产率，着力提升产业链供应链韧性和安全水平，着力推动城乡融合和区域协调发展，推动经济实现质的有效提升和量的合理增长。为进一步激发产业活力、潜力和动力，推动产业迈向产业链和价值链的中高端提供了系统方法路径。

目前已有很多学者对产业分工、协同发展、区域协调、城市联系等内容展开研究，但更多的研究集中在长江经济带、长三角地区、江苏、浙江、广东等省份内部的产业分工合作，针对山东半岛城市群产业分工合作演化的系统研究内容并不多，一方面缺乏时空维度的演化分析；另一方面没有展开宏观、中观、微观的判断研读。在山东半岛城市群产业分工合作演化过程中，产业、城市、企业扮演着不同的角色，发挥了不可替代的作用。因此，研究山东半岛城市群产业分工合作演化，就需要从多层面、多角度展开全面研究。另外，在研究方法上，其他研究内容使用的计算方式比较少，更多的是定性分析内容。但实际上，研究不同产业、不同城市、不同企业在分工合作层次中的网络布局具有重要作用，这也是本书希冀能够达到的一点。

要更准确地研究山东半岛城市群产业分工合作演化的时间特征和空间特征，需要用更加完备的学理支撑，这其中既有区域经济学、社会学等相关理论，也需要多学科的融合交叉。山东半岛城市群是山东省发展的重点区域，是我国华东地区重要的城市密集区之一，是黄河中下游广大腹地的出海口。因此，基于经济空间联系的视角，本书对山东半岛城市群展开产业分工合作演化的相关研究，主要是在区域分工理论、空间相互作用理论等基础上，把握区域产业分工合作演化的规律、机制、构成要素、影响因子及各主体在其中发挥的作用，本书试图将区域产业分工合作与经济空间联系相结合，进而从宏观、中观、微观依次展开实证分析，并借鉴国际国内开展区域产业分工合作的经验，对山东半岛城市群产业分工合作演化进行全面探讨。

在宏观层面，主要从产业角度出发，分为农业（探讨乡村振兴背景下山东半岛城市群的农业农村现代化建设）、制造业（研究"制造业强省"背景下山东半岛城市群制造业分工合作演化的时空特征）、服务业（以服务业带来的经济联系和经贸合作为主）三个方面内容。在中观层面，主要利用城市空间经济联系强度进行考察，其中采用服务业相关数据来测度经济联系，所以产业之一服务业的相关内容放在了这一部分。在微观层面，结合企业发展特征和网络布局情况展开分析，此处以潍坊郭牌农业科技有限公司和海尔智家股份有限公司为例，具体介绍两个公司的分工合作战略。进而，根据宏观（产业）、中观（城市）、微观（企业）三个层面对制约山东半岛城市群产业分工合作的因素进行分解，充分利用数据信息，构建计量模型，并结合国际国内在区域产业分工合作上的经验和有效举措，提出针对山东半岛城市群的具有可操作性的对策建议，以期科学判断山东半岛城市群经济社会发展中存在的问题，制定推动产业分工合作的空间差异化策略，对山东半岛城市群经济社会的可持续、高质量发展具有重要的实践指导意义。

本书在严谨的理论研究和实证分析基础上，针对山东半岛城市群区域产业分工问题进行系统的理论研究，为发展壮大区域分工集聚经济优势提供具体的学理阐释，并借助区域经济学、工业经济学、社会学的学科知识交叉，根据对区域产业分工和经济空间联系的系统理论阐释和实证研究，丰富和发展"农业农村现代化""先进制造业内涵""产业经济学""制造业分工经济""经济联系"的理论内容。同时,从产业、城市、企业等层面,提出加强政府引导、破除体制机制障碍;增进城市联系、推进经济空间分工;优化产业结构、密切企业合作网络;发展社会事业,提升区域吸引能力等有效举措,为促进山东半岛城市群经济社会高质量发展提供相应的支持与保障。

由于笔者的理论水平和实践经验有限,书中难免存在疏漏与不当之处,敬请专家和广大读者给予批评指正。

目 录

第一章 区域产业分工合作的相关研究与理论基础 …………… 1

 第一节 相关概念界定 …………………………………………… 1

 第二节 区域产业分工合作的相关理论 ………………………… 8

 第三节 经济空间联系的相关理论 ……………………………… 11

 小 结 …………………………………………………………… 16

第二章 研究现状与研究意义 ……………………………………… 18

 第一节 研究现状 ………………………………………………… 18

 第二节 主要的测度方式 ………………………………………… 34

 第三节 对策建议、理论意义与实践价值 ……………………… 46

 小 结 …………………………………………………………… 47

第三章 乡村振兴背景下山东半岛城市群农业农村现代化建设研究 …………………………………………………………… 49

 第一节 研究农业农村现代化建设的理论基础和意义 ………… 49

 第二节 农业产业分工合作与农业农村现代化建设中存在的问题 ……………………………………………………… 51

 第三节 农业农村现代化建设的典型案例：潍坊农综区（农业产业分工合作示范） ………………………… 53

 小 结 …………………………………………………………… 57

第四章 制造业强省背景下山东半岛城市群制造业分工合作演化的时空特征：宏观层面 …………………………………… 59

 第一节 山东半岛城市群制造业分工合作的时间特征 ………… 59

第二节　山东半岛城市群制造业分工合作的空间特征 …… 70
第三节　山东半岛城市群制造业分工集聚程度的
　　　　进一步探讨 …………………………………………… 78
小　结 ……………………………………………………………… 83

第五章　山东半岛城市群城市空间经济联系：中观层面 …… 86
第一节　山东半岛城市群城市发展概况 ……………………… 86
第二节　山东半岛城市群城市空间经济联系强度 …………… 93
第三节　山东参与"一带一路"经贸合作情况 ……………… 100
小　结 …………………………………………………………… 108

第六章　山东半岛城市群企业分工与企业网络：微观层面 …… 109
第一节　山东半岛城市群企业发展特征 ……………………… 109
第二节　山东半岛城市群企业网络布局情况 ………………… 120
第三节　山东半岛城市群产业分工合作的企业战略 ………… 133
小　结 …………………………………………………………… 144

第七章　区域产业分工合作：国际国内经验借鉴 ……………… 146
第一节　东京都市圈推进专业分工发展 ……………………… 146
第二节　长三角地区加强区域一体化 ………………………… 148
第三节　杭州"城市数据大脑"促进区域空间联系 ………… 153
小　结 …………………………………………………………… 155

第八章　优化山东半岛城市群产业分工合作的对策与建议 …… 157
第一节　加强政府引导，破除体制机制障碍 ………………… 157
第二节　增进城市联系，推进经济空间分工 ………………… 161
第三节　优化产业结构，密切企业合作网络 ………………… 165
第四节　发展社会事业，提升区域吸引能力 ………………… 171

参考文献 …………………………………………………………… 178

第一章

区域产业分工合作的相关研究与理论基础

第一节 相关概念界定

一 分工

作为经济学范畴最古老的理论之一——分工理论一直受到经济学家的密切关注（盛洪，2006）。早在古希腊时期，色诺芬便从使用价值角度考察社会分工问题，他指出通过社会分工，可以使生产出的产品质量更优良。古希腊哲学家柏拉图所著的《理想国》从正义的内涵出发，认为社会各阶层应该具有明确等级的社会分工，社会中的每个人应该专注于适合自己的行业，分工的角色主要依据个人天赋、实际能力的差异进行划分，同时主张男女在分工中扮演的角色平等。随后，在《政治学》中，柏拉图的学生亚里士多德从财产论、禀赋论、闲暇论三方面论述了奴隶制是自然合法的制度，奴隶作为被统治者从事劳作、奴隶主作为统治者从事管理是社会分工的要求，被称为"主奴"分工理论。到17世纪后期，英国古典经济学家配第（Petty，1683）认为，劳动分工变化带来劳动生产率的变化。虽然关于劳动分工逐渐形成一些经典论断，但经济学界普遍将斯密的劳动分工理论摆在首要位置。分工和专业化的过程或者趋向是随时间推移的；分工和专业化程度的变化（分工和专业化的速率）表示为分工和专业化程度 L 对时间的导数，即 $dL/dt = V$。由于 $L=f(K)$，$V=df(K)/dt$，表明分工和专业化的过程可看作随时间的变化从 PA 中分离出去的基本生产操作数量的变化（盛洪，1992）。

二 区域分工

在古典经济学一般分工理论的基础上，许多经济学家将空间观念引入，创立了国际贸易理论（古典贸易理论、新古典贸易理论、新贸易理论）、地域分工理论、空间分工理论等，推动分工理论逐步深化。英国学者西尼尔（Senior）指出"至于国内的强暴行为，那是文明社会中最可怕的祸害；令人惊奇的是为数那样少的人就足以保障大众的安全。"认为个人力量有限，主张政府的效用适用于分工的原则（张艳清，2004）。马歇尔（Marshall，1890）在《经济学原理》中将分工与组织、报酬递增等问题结合在一起。陶西格（Taussing，1911）强调"不同的地区由于气候和资源禀赋的原因而选择生产某种物品"，由此形成分工的利益，并强调来自一切形式的专业化带来一般效率的增加，在此基础上形成地理分工理论（陈雯，2006）。英国学者麦茜（Massey，1979）最早提出"空间分工"的内涵，指出"单个公司不断成长为生产过程不同阶段的分离提供了可能性，进而可以建立跨区域的层级以利用空间差异。"其内涵既包含区域间产业分工，又强调多区位企业的出现带来的区域间职能分工（苏红键，2012）。

在以上研究基础上，同时受到圣西门、傅立叶等空想社会主义家及黑格尔、费尔巴哈等德国古典哲学家关于分工理论的研究，马克思分工思想理论逐步确立（沐小方，2015）。马克思、恩格斯认为分工主要分为"自然分工"和"社会分工"两类，对生产力和分工间的关系给予了明确表达，由此会推动分工经历自然分工、自发分工、半自觉分工、自觉分工四个历史发展阶段，分工属于一种社会活动的组织形式。社会基本分工形式是物质劳动和精神劳动的分工，分工带来体力劳动者和脑力劳动者的出现，并导致私有制出现，使"分工的规律是阶级划分的基础。"分工既能积累社会财富，又能产生剥夺，存在本质上的双重性。对个人而言，分工能带动交换，使每个人获得所需要的东西,并提高能力、扩大交易范围(陶鹏,2009)。区域分工的实现基于自然属性,但绝非自然而然就可以形成,而是在社会生产力发展到一定阶段后的产物,分工的产生和发展具有内在的客观性(张可云,2000)。

三 产业

产业主要指具有某种同类属性或某些相同特征的企业或经济活动的集合。国民经济的基础即为产业,其是各类企业组成的集体,由此可见产业介于宏观和微观之间,对其研究属于对中观经济的探索。从产业经济学来看,产业的形成与发展是社会生产力的不断发展及社会分工逐步深化的结果。马克思在《资本论》中指出产业是社会分工具体形式的表征。

恰当的分类产业有助于促进产业结构的优化升级,进而带动区域经济发展,由此形成了多种产业分类方法。在《资本论》中,马克思按照产品在社会再生产过程中发挥的不同作用,将社会上的生产分为生产资料的第一部类(主要产品是各类生产工具、设备、原材料等)和生产消费资料的第二部类(主要产品是各类个人消费品)。20世纪二三十年代,"第一产业""第二产业"的概念频频见之于澳大利亚、新西兰等地的政策文件中,1935年,英国学者阿伦·格·费尔希提出"第三产业"的概念。在《经济进步的条件》中,克拉克(Clark,1940)按照经济活动与自然的关系,构造形成三次产业分类法,即"克拉克大分类法",第一产业即广义的农业、矿业;第二产业即广义的工业、建筑业;第三产业是除第一、第二产业外的所有产业,主要特征是提供服务,三次产业分类法在世界各国运用最为广泛,但不同的国家的划分方式存在差异。除此之外,还有联合国颁布《全部经济活动的国家标准产业分类索引》,将所有经济活动分为十类产业,古典经济学家采用农轻重产业分类法,霍夫曼(Hoffmann,1965)将产业分为消费资料产业、资本资料产业及其他产业,以及根据要素的密集程度将产业分为劳动密集型、资本密集型、资金密集型、技术密集型等,按照产业的功能分为主导产业、辅助产业、基础产业等(陈健生,2014)。中国现依据《国民经济行业分类(GB/T 4754—2017)》

对产业进行划分。本书所介绍的产业主要分为第一产业（农业）、第二产业（制造业）和第三产业（服务业），在后续实证分析中也依次展开，这样对产业的研究会更加全面和系统。

四　区域产业分工

从分工到地域分工，区域产业分工的内涵逐渐丰富完善。在《区域经济理论》《现代区域经济学》等著作中，都对区域产业分工进行了概述，认为区域产业分工是社会分工在地理空间中的表现形式。不同劳动部门代表不同的产业，所以劳动分工可以被认为产业分工，劳动地域分工即可被认为区域产业分工。梳理它们之间的关系则是产业分工是劳动社会分工的基础，区域产业分工是劳动社会分工在地理空间中的呈现。根据以上分析，对区域产业分工进行如下界定：在一定机制和规律下，特定区域内的经济主体根据自身优势实施各类经济行为，影响区域内有关联的产业体系并在其中获取比较利益，从而在地理空间上形成产业空间结构的客观过程和分异状况（周一珉，2009）。

五　区域产业分工演变

随着经济全球化的推进及新型技术的应用，从国际到国内区域产业分工均发生一系列变化，从传统产业分工向新型产业分工转变，分工得以不断深化，已经不仅仅局限于个人分工，而是提升到企业层面、区域层面、国家层面，甚至是国际层面，相对应的就有企业内分工、产业分工、地域分工和国际分工等。其中，作为社会劳动分工的主要形式——地域分工具有明确的空间尺度内涵，具体表现为地方专业化。地域分工的主要特征：①不同地区间的各类要素的禀赋差异导致地域分工，资源的空间配置是实现分工的现实条件；②一定的运输条件、产品的可运输性和可贸易性是开展地域分工的基础；③地域分工的发展导致地方专业化的形成；④地域分工生产出的产品在满足了本地区的消费后，还可以供给其他地区，伴随地域分工空间范围的扩大，当超越国界线后，便形成了国际分工和贸易，李嘉图的比较优势理论即为国际分工和贸易的理论基础，即任何一个地区都有和其他地区相比的优势所在，可以专门化生产最具有优势的产品，由此开展贸易交往。除此之外，规模经济也影响着国际分工，与要素禀赋带来的产业间分工有所差异，规模经济主要带来的是产业内分工。由于规模经济的存在，国际分工和贸易模式主要由本地市场效应决定。随着经济一体化的进一步发展，产业内分工重要性与日俱增，逐渐演变成为产品内分工，即产品价值链分工，主要由跨国公司完成。由此从空间视角来看，区域产业分工演变可以分为以下三个阶段：

阶段一是部门间或产业间分工，不同区域发展的不同产业部门开展专业化生产，也可称为部门专业化，属于经济发展早期的产业分工模式。

阶段二是部门内或产业内分工，不同的区域在发展同一个产业部门，但生产出的产品种类是不同的，可称为产品专业化（魏后凯，2007）。克鲁格曼研究认为在制造业内部既存在双向的产业内分工，也存在传统的产业间分工，即便两个国家（也可以说两个不同区域）具有一样的要素禀赋，然而由于产业内分工使彼此间仍具有工业制成品的贸易，而彼此间要素禀赋越相似，就越有可能开展产业内贸易（见图1-1）。

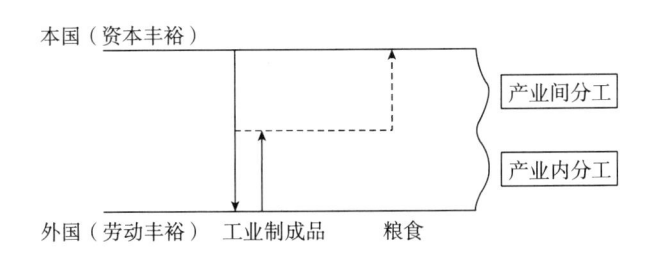

图1-1 制造业内部产业分工情况

资料来源：保罗·克鲁格曼：《克鲁格曼国际贸易新理论》，黄胜强译，中国社会科学出版社2001年版。

阶段三是产品内分工，也可称为产品价值链分工。产品价值链分工是特定产品生产过程所包含的一系列操作或工序被分割开来进行分散生产的过程或者状态。卢锋（2004）从福特汽车生产活动在空间上的高度集中、收敛特性及丰田汽车采用多层次的生产方式（在每一个款式汽车的生产中，第一、第二、第三层次参与企业分别有171个、

4700个、31600个)出发,对20世纪汽车生产方式发生的变动进行了归纳整理,由此提出产品内分工(Intra-product specialization)的概念——其属于一种特殊的经济国际化过程或展开结构,核心内涵是指通过空间分散化,使特定产品生产过程中的不同工序或区段开展为跨区域或跨国性的生产链条或体系,从而带动更多的区域或国家参与到特定产品生产过程的不同环节或区段的生产或供应活动。由于工序分工外延空间范围界限的差异性导致至少两种产品内分工的类型:一类是在一个国家内部不同区域,特定产品不同工序或区段的空间分散化形成的国内产品内分工;另一类是在不同国家间,特定产品不同工序或区段空间分散化形成的国际产品内分工。产品价值链分工包含地区内分工、国内分工、国际分工(见图1-2)三种类型。

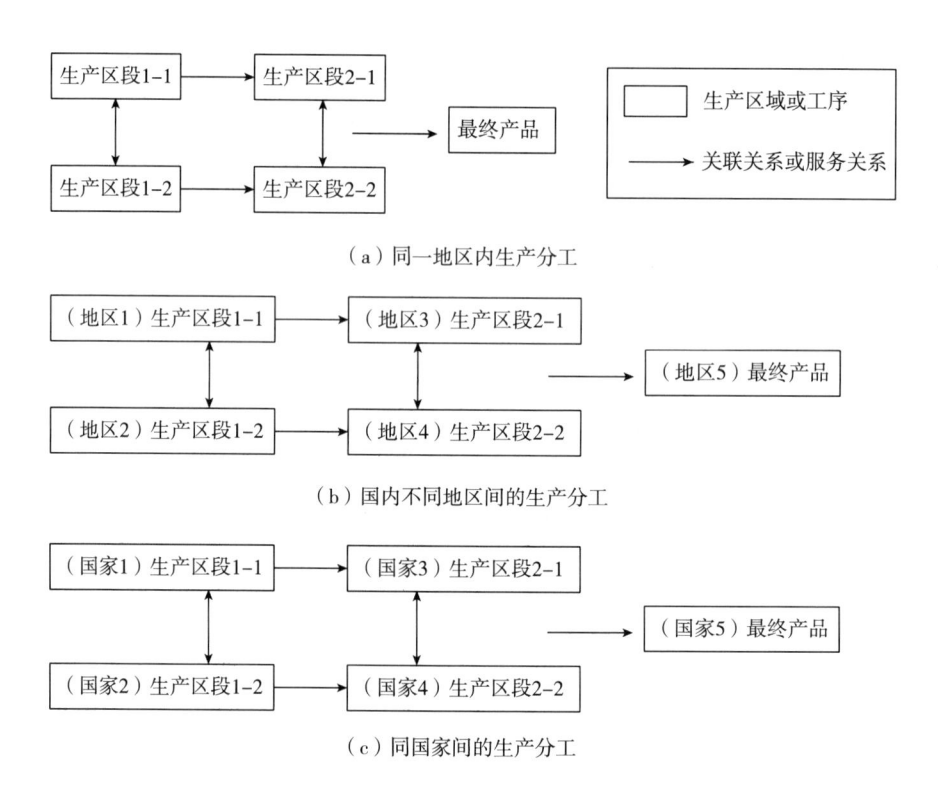

(a)同一地区内生产分工

(b)国内不同地区间的生产分工

(c)同国家间的生产分工

图1-2 产品价值链分工

第一章 区域产业分工合作的相关研究与理论基础

随着生产协作的进一步加深，不同国家在产品价值链的某个工序开展专业化生产，带来中间贸易的增加，使跨越多个国家的垂直贸易链拉长，所以国外一些学者称产品价值链分工为"垂直专业化"（梁琦，2009）。模块化分工可以作为产品价值链分工的特例（见表1-1）。其中，波音公司的全球产业分工合作堪称经典，20世纪80年代以前主要由波音公司自行生产研发飞机零部件等，之后，波音公司积极寻求海外合作伙伴，实现了"生产全球化"，20世纪90年代，随着经济全球化趋势的日益加深，国际分工逐步深化，原有的"纵向一体化"向"横向一体化"管理模式转变。"供应链管理"思想开始形成，到波音777项目研发时，国外供应商的参与份额超过30%。波音"跨国供应链"渐成规模。波音787的90%的零部件由供应商制造，高达70%的零部件由英国、日本、意大利等海外供应商提供。

表1-1　　　　　　传统、新型区域产业分工类型及比较

	传统区域产业分工		新型区域产业分工	
分工类型	部门间分工（产业间分工）	产品内分工（产品间分工）	产业链分工	模块化分工
专业化形式	部门专业化	产品专业化	功能专业化	功能专业化
分工特点	在不同产业间进行	在同一产业不同产品间进行	按产业链的不同环节、工序进行	对产业链的不同环节和工序模块化，形成模块间分工
产业边界	清晰	较清晰	弱化	弱化
分工模式	以垂直分工为主	以水平分工为主	混合分工	混合分工
空间分异	不同产业在空间上的分离	同一产业不同产品在空间上的分离	产业链不同环节、工序在空间上的分离	产业链不同环节和工序的模块在空间上的分离
理论基础	地区比较优势或资源禀赋差异等	产品差异、偏好差别、需求重叠、规模经济等	资源禀赋和技术水平差异、规模经济等	资源禀赋和技术水平差异、规模经济、标准化要求等

资料来源：李靖：《新型区域产业分工研究综述》，《经济经纬》2009年第5期。

将产业间分工、产业内分工、产品内分工（产品价值链分工）与水平型、垂直型进行结合，即将分工所处的地位和演进交叉后能够形成产业间水平分工、产业间垂直分工；产业内水平分工、产业内垂直分工；产品内垂直分工5类（见表1-1）。除按照地位和演进对分工进行分类较为常用外，还存在一些基于其他研究视角而形成的区域产业分工模式，如刘秉镰等（2010）按照区域分工和专业化生产形成过程的差异将其分为自然型、积累型、转移型区域产业分工模式。

六 山东半岛城市群

2017年，山东省政府印发的《山东半岛城市群发展规划（2016—2030年）》指出山东半岛城市群涵盖济南、青岛、烟台、淄博、潍坊、威海、日照、临沂、菏泽、滨州、东营、济宁、枣庄、聊城、泰安、德州、莱芜17个地级及以上城市，取代《山东半岛城市群总体规划（2006—2020年）》包含的8市范围。2019年1月，国务院批复同意山东省调整济南市、莱芜市行政区划，撤销莱芜市，原莱芜市所辖范围归济南市管辖。山东半岛城市群目前涵盖山东全部地市，所以本书中称呼山东半岛城市群为山东省时，更多地出于行政区划概念的表达方式，两者所涵盖的经济范围一致。山东半岛城市群北邻京津冀，南接长三角，东与日韩隔海相望，西引黄河流域，是我国北方重要的开放门户。山东半岛城市群面积为15.8万平方千米，约占全国国土总面积的1.65%；2021年，山东半岛城市群GDP为83095.9亿元，约占全国GDP总量的7.3%；人口为10170万人，约占全国总人口的7.2%。

第二节 区域产业分工合作的相关理论

一 绝对优势理论

区域分工贸易理论主要包含绝对优势理论、比较优势理论、要素禀赋理论。亚当·斯密被认为是劳动分工理论的创始人。其对劳动分工的一般论述为：分工能够提高劳动者的熟练程度、使个人能够从事专业化工作而减少在其他不相关业务上的时间、推动劳动工具的创造发明，由此逐渐积累，实现整个国民财富的增加（同时展示了分工的意义）；而分工受市场范围影响（1951年，施蒂格勒在其所著的《市场容量限制劳动分工》中将该观点称为"斯密定理"），市场范围又受到区位条件和运输成本的限制（见图1-3）。针对斯密研究中的分工与经济增长间的关系，可运用 $g=(kp/w)-1$①来展示，其中k是存在限度的，若将其抽象掉，则在给定的实际工资率w下的物质增长率g就单一的依赖通过分工扩大带来的劳动生产率p的增加（彼得·格罗奈维根，1996）。同时，斯密还关注到技术进步会以分工加速知识积累的形式成为报酬递增的源泉。

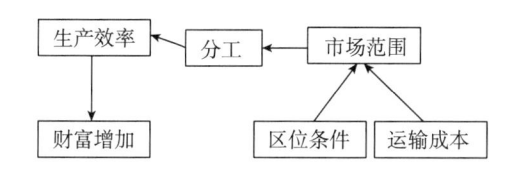

图1-3 亚当·斯密劳动分工理论内容的一般框架

1776年，亚当·斯密在经典著作《国民财富的性质和原因的研究》（以下简称《国富论》）中提出国际分工和自由贸易理论，分工的原因在于不同群体各自专业化地生产某类产品，然后在市场上进行交换，既获取收入又满足他人需求，从而形成分工。随着生产力的发展，社会化大分工出现。分工的原则在于成本的绝对优势或绝对利益。从优化产业结构角度出发，各个国家或地区按照后天发展条件，及时进行调整，通过发达的市场促进产品更加畅通交易，使该国家或地区的生产规模和市场份额达到相对合理的区间（汪玲，2018）。

二 比较优势理论

大卫·李嘉图的比较优势理论是国际分工和贸易的理论基础，他指出在现实经济生活中，亚当·斯密的绝对优势理论不能够完全适

---

① k表示生产性劳动与非生产性劳动的比例。

用，劳动生产率的差异带来的相对优势成本是带动国家贸易发生的前提，如果两个国家或地区之间存在有差异的劳动生产率，那么就会导致两个国家或地区之间生产成本和产品价格的不同，那么和其他国家或地区相比，任何一个国家或地区都具有相对的优势，就可以专门化地生产自身最具备优势的产品；反之就不应该由自身进行生产，而应该选择在其他国家或地区输入，即"两优取重，两劣取轻"。和斯密的绝对优势理论相比，李嘉图强调相对优势成本和分工的关系，这是国家或地区发生贸易往来的基础。但该理论存在的主要问题是没有指出哪一个因素引发比较优势，且忽视资本、技术等要素对相对优势的影响。

三 要素禀赋理论

1919年，赫克歇尔在《对外贸易对收入分配的影响》中提出要素禀赋论的基本观点，随后俄林在《域际贸易和国际贸易》中对国际贸易形成原因展开进一步探讨。对H-O理论（Heckscher-Ohiln theory）内容简要描述即为劳动丰富的国家出口劳动资源密集型产品，进口资本密集型产品；而资本丰富的国家则出口资本密集型产品，进口劳动密集型产品。相比比较优势理论对差异产生原因分析的不足，H-O理论认为各个国家或地区要素禀赋的差异会导致产品价格的差异，而相同商品价格因为地区的差异而出现差异是发生国际贸易的根本原因。

四 劳动地域分工理论

在"区域分工"概念解释的部分中，对马克思等针对分工开展的思考进行了阐述，他在《资本论》（第一卷）中指出"整个社会内的分工，不论是否以商品交换为媒介，是各种社会经济形态所共有的。"此处的分工，既包含部门间、企业间的分工，也包含把一定的生产部门固定在国家一定地区的地域分工。在我国，曾在苏联列宁格勒大学攻读经济地理学专业，后回国执教于东北师范大学的陈才教授自20世纪60年代便结合马克思主义的劳动地域分工原理开展研究，其指出各个地域依据各自的条件与优势，着重发展有利的产业部门，以其产品与外区交换，又从其他地区进口所需的产品，表现为一个地区为另一地区生产产品并相互交换的现象。劳动地域分工为世界经济一体化形成发展的动力；具有新形式和新特点（部门分工越分越细，综合集成趋势得以发展；出现跨国公司、区域集团化等新的地域组织形式等）（陈才，2001）。

第三节　经济空间联系的相关理论

一　雁行模式理论

20世纪30年代，日本经济学家赤松要在对日本棉纺织业进行研究时发现其发展历程为"国外进口—国内加工生产—向国外出口"三个阶段，形成"雁行产业发展形态基本型"，即后发国的某一产业由进口发展为本国生产和出口的全过程。后来赤松要发现该三个阶段的变化不仅发生在消费品向资本品的过渡中，还发生在简单、粗糙产品向复杂、精细产品的过渡中。产业多元化体现在现有产业内部的新产品涌现形成的产业内循环和体现新工业发展的产业间循环，由此反映出的生产的合理化和多样化称为"雁行形态的变化型"，用来说明一国产业结构的内在变化（于晴初，2010）。这之后，日本学者山泽逸平将"雁行产业发展形态"扩展为"引进—进口替代—出口成长—成熟—逆进口"五个阶段。在引进阶段，新产品进入国内市场，国内需求增加，由于外来产品在技术、质量上具有优势，能够占据垄断地位。进入进口替代阶段，受国内需求迅速增长的刺激，国内生产该产品的技术逐渐完善、生产能力和质量显著增强，进口产品逐步被国产产品替代。之后，国内需求减少，要继续扩大该产品的生产，则需要通过出口的增加来实现，由此进入了出口增长阶段。到成熟阶段，国内需求停滞不前，出口从减速增长变为负增长，随着这一过程的持续发展，后发国家的廉价进口产品逐步占领国内市场，导致国内产品生产的加速缩减，进入最后的逆进口阶段（胡俊文，1999）。雁行模式理论针对不同国家经济发展水平形成"雁首""雁翼""雁尾"等不同的位置，较为强调短期经济效益，产业转移和承接过程对进口替代、出口导向较为偏重，但该理论仍是静态的研究模式，对创新能力的关注程度不高。

二 边际产业扩张理论

20世纪70年代，日本学者小岛清从产业传播机制的角度出发，将对外投资要素纳入"雁行形态理论"中对其进行扩展，强调东亚先发国通过"顺贸易导向型投资"和"直接投资前线的扩展"使整个区域的经济出现结构高度化和发展差距收敛的趋势（王静文，2004）。1978年，小岛清在《对外直接投资》中系统阐述了对外直接投资理论——边际产业扩张理论的内容。该理论基于国际分工原则的视角，用劳动和经营资源代替H-O模型中的劳动、投资要素，将比较利润率的差异与比较成本的差异进行关联，首次运用比较优势基础上的国际分工原理得出FDI的福利最大化标准为自由贸易量，阶段性地解释了经济发达地区与发展中地区间的以垂直分工为基础的投资（陈恒、王蕾，2008）。该理论的基本观点主要包括：①对外直接投资应从投资国边际产业出发，而接受投资的东道国在该产业上具有潜在的比较优势；②中小企业应走在对外直接投资的前列（见图1-4）（俞晓婷、欧文彪，2008）。

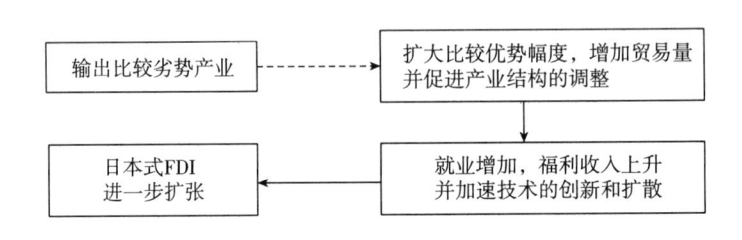

图1-4 日本式FDI

三 梯度理论

杜能的农业区位论、韦伯的工业区位论及马歇尔外部规模经济观念的发展为梯度理论的形成打下了基础。自20世纪六七十年代以来，克鲁默、海特等以赫希曼（Hirschman，1958）和威廉姆森（Williamson，1965）的不平衡发展理论作为依据，探讨工业产品生产的过程特定及表现出的地域扩散（李具恒、李国平，2004），并将弗农（Vernon，1966）等的工业生产生命循环阶段论引入区域经济发展中，由此形成区域发展梯度理论。自20世纪80年代区域发展梯度理论被引入我国后，该理论对经济社会发展产生一定影响。改革开放以来，我国优先发展东部沿海地区，进入21世纪后着力推进"西部大开发"及振兴东北工业基地、推动中部崛起等正是梯度理论在我国具体实践的生动展现。

自梯度理论传入我国后，众多区域经济研究者对梯度理论进行了解释说明。夏禹龙等（1982）指出基于自然、经济的差异，各个国家的经济发展不平衡，经济发展的水平和潜力表现为从高到低的梯度排列，所以要先发展具有潜力的、经济水平较高的地区，再发展那些较为落后的地区。郭凡生等（1985）认为在世界范围抑或一国内的各个地区，经济技术的发展存在差异，由此形成地区间经济技术的梯度，若该区域的主导产业处于上升期，可以认为该区域属于该产业的高梯度区域；若处于衰退期，则可以认为其处于低梯度区域。创新能力主要集中在高梯度区域，所以各类经济活动主要是从高梯度区域向低梯度区域转移，这种转移是通过多层次的城市系统扩展表现出来的。该理论主张先推动高梯度地区引进技术、人才，然后逐步向处于第二级、第三级梯度的地区推移，从而实现整个地区的发展，由此反映出梯度推移理论比较强调效率优先，兼顾公平（刘丽娟，2009）。梯度推移理论也存在一定的局限性，由于梯度划分得不够明确，在实践中会出现导致地区差异化拉大的情况，且过分强调生命周期的普遍性，隐含着各地区经济发展一致的情况。正因为其存在的不足，导致反梯度理论的产生。该理论起源于匈牙利经济学家科尔内（Kornai，1988）在《突进与和谐的增长》中的观点，实践基础是"二战"后新兴工业国和地区的赶超发展及中国国内区域经济的发展（许抄军等，2011）。该理论认为产业转移改变了三次产业渐次发展的顺序，相对落后的地区能够把握机遇，逐步形成自身的相对较高的产业分工梯度。在一定程度上，反梯度理论是对梯度理论的补充，但忽略了实行反梯度推移的前提。广义梯度理论的内涵是把握经济、社会、自然、生态等广泛意义上的各类梯度现象,研究如何利用、培育以形成科学、有序、和谐的分布形态和开发战略,从而实现经济发展和生态环境的和谐及可持续发展(李国平、许扬,2002)。

四 生命周期理论

在《资本论》中,马克思表示如果一个生产者生产一个商品所用的个别劳动时间少于社会必要劳动时间,则该商品的使用价值能够得到社会认可,可以在社会上继续生存,这个推论被认为是对企业生死因素的基础性分析。马歇尔将企业视为树木,大大小小的企业集合成为一片森林系统,每个企业都具有生存和成长的机会,同时也存在衰亡的风险,该观念后被经济学家称为"企业森林原理"(薛求知、徐忠伟,2005)。在此基础上,弗农(Vernon,1966)最先提出产品生命周期理论。在国际贸易中,许多发达国家生产出口产品,其他国家进口产品,然而经过一定实践后,情况却发生逆转,针对这种情况,弗农用产品生命周期理论进行解释,并将其分为三个发展阶段:①新产品阶段。由于需要较高的科技水平、良好的通信交流手段及较高的消费水平,使新产品的研发集中在主要的发达国家。市场需求增加后,新产品也陆续在其他发达国家生产,但仍集中在主要的发达国家,产品的技术密集程度较高,并出口到有需要的国家。②产品成熟阶段。对发展水平相当的国家来说,产品的价值功能逐渐被认可,国外需求程度提升,实现了大量出口,国外企业也开始引进生产该产品的技术或展开模仿工作。③产品标准化阶段。产品的设计和生产已经实现了完全的标准化,研发、技术所花的费用在生产成本中所占成本逐渐降低,成本、价格成为赢得市场优势的重要法宝,于是企业趋向于将生产等业务转移到生产成本相对较低的发展中国家,原来主要生产该产品的国家反而成为该产品的进口国(吴晓波、聂品,2005)。

五 产业竞争力理论

美国著名管理学家迈克尔·波特在《竞争战略》《竞争优势》《国家竞争优势》等多本著作中系统、详细地阐述了从国家到企业各个层次如何塑造、建立自身竞争力,被誉为"竞争战略之父"。在研究区域产业竞争力时,波特的"钻石模型"重要程度较高(见图1-

5）。"钻石模型"又称"菱形理论""国家竞争优势理论",其认为一个国家要具有强大产业竞争力,需要具备生产要素(天然资源、人力资源、知识资源、基础设施、资本资源等);需求条件(国内的需求市场);相关和支持产业(产业及相关上游产业是否具有一定的竞争力);企业战略、结构和同业竞争这四个因素(Porter,1990)。对四个主要因素进行具体分析:①要获取竞争优势,需要培育高级要素,如培训熟练劳动力及提高科技发展水平等,同时不能仅仅依赖于传统优势资源,要注重转变劣势,提升企业创新所需要的技术和能力,如1985年,面对消费者来信反映海尔电冰箱存在质量问题的时候,时任海尔电冰箱总厂厂长的张瑞敏要求把仓库中不合格的76台冰箱砸毁,并要求生产这些冰箱的员工亲自去砸,锤子声砸醒了海尔人的质量意识,也表明了海尔对高品质的追求。②较大的国内市场规模能够提高企业对市场的注意力,但消费者对产品的需求更能推动企业的改进与发展。③地理上相互邻近、技术、人才上互为支撑,拥有专业化供应商和服务商及大学、贸易协会等机构,这类关联产业和支持产业能够形成竞争优势,即产业链(集群)带来的优势(尚勇敏,2015),如温州鞋革产业、淄博陶瓷产业、寿光蔬菜产业的优势有很大一部分源于此。④创造与持续产业竞争优势的最大因素是国内市场强有力的竞争对手,通过竞争,使企业意识到不足,激发创新活力,提升竞争力。除这四个主要因素外,波特还提出两个辅助因素,分别为机会和政府。机会可以影响四个主要因素发生变化,同时起到双向效果。政府不能替代企业、市场做决定,但可以帮助企业获取相关资源,为其发展创造良好的环境。

自波特的"钻石模型"提出后,便被广泛运用到对各国各地区产业竞争力的分析和探究上,但针对一些具体国家、具体地区时,波特的"钻石模型"不一定完全适用,并存在一定的局限性,基于此,不少专家学者对"钻石模型"进行修正形成不同的模型形式,较为典型的有卡特莱特(Cartwright,1993)的多因素钻石模型;邓宁(Dunning,1993)的国际化钻石模型;鲁格曼和科鲁兹(Rugman and Cruz,1993)的双钻石模型;沐恩等(Moon et al.,1998)的双重钻石模型等。

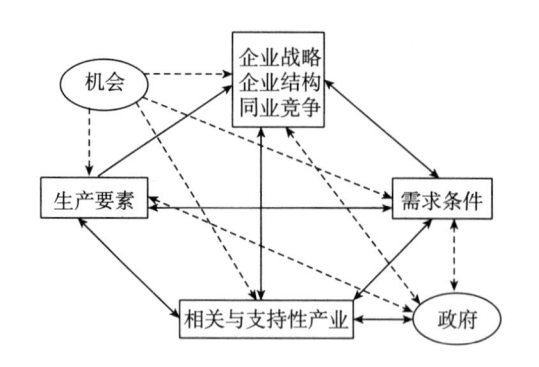

图1-5 波特"钻石模型"

小　结

虽然山东半岛城市群的概念并不陌生，目前也有很多学者对产业分工、协同发展、区域协调等内容展开研究，但更多的研究集中在长江经济带、长三角地区、江苏、浙江、广东等省份内部的产业分工合作，针对山东半岛城市群产业分工合作演化的系统研究内容并不多，一方面缺乏时空维度的演化分析，另一方面没有展开宏观、中观、微观的判断研读。在山东半岛城市群产业分工合作演化过程中，产业、城市、企业都扮演了不同的角色，发挥了不可替代的作用。因此，研究山东半岛城市群产业分工合作演化，就需要从多层面、多角度展开全面研究。另外，在研究方法上，使用的计算方式比较少，更多的是定性分析内容。但实际上，研究不同产业、不同企业在分工合作层次中的网络布局具有重要作用，这也是本书希冀能够达到的一点。

要更准确地研究山东半岛城市群产业分工合作演化的时间特征和空间特征，需要用更加完备的学理支撑，这其中既有区域经济学、社会学等相关理论，也需要多学科的融合交叉。本章在界定相关概念基础上，对涉及多学科的理论进行了阐述，从区域产业分工合作相关理论来看，本章主要介绍了绝对优势理论、比较优势理论、要素禀赋理论、劳动地域分工理论。从经济空间联系相关理论来看，本章主要介绍了雁行模式理论、边际产业扩张理论、梯度理论、生命周期理论、产业竞争力理论，基于此，本书试图将区域产业分工合作与经济空间联系相结合，运用经济空间联系视角进一步延伸区域产业分工合作的内容，进而从宏观、中观、微观依次展开实证分析，并借鉴国际国内开展区域产业分工合作的经验，对山东半岛城市群产业分工合作演化进行全面探讨。在宏观层面，主要从产业角度出发，分为农业（探讨乡村振兴背景下的农业农村现代化建设）、制造业（研究"制造业强省"背景下制造业分工合作演化的时空特征）、服务业（以服务业带来的经济联系和经贸合作为主）三部分，又因为服务业的研究内容与中观层面的城市经济联系有部分重合，所以把经贸合作的内容放在城市经济联系这一章中。

第二章

研究现状与研究意义

第一节 研究现状

一 区域产业分工的相关研究

（一）国外研究

1. 关于区域产业分工的界定

分工往往与专业化相联系，专业化是分工的前提基础，分工则是不同专业化程度间的经济组织结构，个体层次的专业化就是指分工，其本质是将生产活动集中于较少的行业或产品。根据分工条件和地位的差异，不同地区选择发展各类型产业，所以可以将产业分工称为区域分工。

2. 关于区域产业分工的成因

Smith（1776）在《国富论》中指出分工源于交换能力，人们各自专业化地生产某类产品，然后在市场上交换，既获取收入又满足他人需求，从而形成分工。随着生产力的发展，社会化大分工出现。在斯密绝对优势理论基础上，比较优势理论、要素禀赋理论、新贸易理论、生命周期理论等逐渐发展起来，分工理论逐渐形成内生比较优势理论和外生比较优势理论两条线索。

3. 关于区域产业分工的影响因素

区域产业分工普遍受到自然资源禀赋；社会要素；集聚经济与经

济活动的地方化、城市化；城市空间联系；市场调节、政府宏观调控等多重因素的影响。如 Park（1993）研究韩国首尔都市区产业结构调整和区域分工情况，重点关注韩国政府、企业战略和区域特点、劳动力和资本控制等在其中发挥的作用。Coffey（2000）、Krenz（2010）、Kolko（2010）、Taylor（2013）等关注生产性服务业空间分布特征后得出的相似结论是此类产业受到劳动力、市场、交通等多重因素影响，多集中在大都市区域，相较其他服务业部门表现出更明显的空间集中特征。

4. 关于区域产业分工的经济效应

从 Hoover（1936）建立区域分工度量指标到 Ellison 和 Glaeser（1997）构建 E-G 指数探究美国四位数制造业集聚程度，再到 Yang 和 Ng（1993）采用新兴古典经济学分析框架构建计量模型研究专业化与组织经济，对分工进行定量测度的热潮经久不衰。在这个过程中，"产业分工—经济"的关系逐渐受到学者的关注。Hitz 等（1994）研究苏黎世城市化进程时发现由产业分工带来的经济增长使苏黎世发展成为一个国际化控制中心，并重塑城市空间结构。Batisse（2002）利用 1988—1994 年中国 29 个省份 30 个工业部门增加值数据发现产业多样性和竞争性对经济增长产生积极影响，产业专业化带来负面影响，沿海、内陆省份的工业部门受到不同经济结构的影响。

5. 关于区域产业分工研究的最新趋势

目前对区域产业分工的研究已经突破一个国家或一个区域，延伸到全球范围，这也是顺应全球化趋势的积极反映。比较有代表性的研究是 Hayter（1997）、Marin（2006）、Dicken（2003）等通过研究跨国公司、欧洲价值链重组等，认为企业在全球扩展，逐步形成新产业分工模式。

（二）国内研究

1. 区域产业分工思想引入阶段

国内区域产业分工、分工集聚的研究是伴随改革开放、城市化、工业化进程展开的。自 20 世纪 90 年代以来，通过分工研究产业集聚、集群逐步成为关注热点，仇保兴（1999）引入集群思想，王缉慈

(2001，2010）系统探讨产业集群概念，梁琦（2006）全面整合分工、专业化与集聚之间的内在逻辑。

2. 区域产业分工定量测度阶段

此阶段主要采用产业结构相似系数、变异系数、分工指数、专业化指数等测算方法，研究区域集中在我国整体区域、长三角、珠三角、京津冀及沿海发达省市的开发区等。如孙久文等（2015）利用地区相对专业化指数、地区间专业化指数、SP 指数测算京津冀一体化对制造业空间分工格局的影响。史雅娟等（2017）通过改进的区位熵指数分析中原城市群的城市产业分工格局，提出各城市发展的功能定位。从农业产业分工合作与农业农村现代化角度来说，采用计量模型进行测度的方法正在逐渐增多，如王晶等（2022）基于世界投入产出表（WIOD）2000—2014 年 37 个国家的跨国面板数据，分析数字经济对农业全球价值链分工地位的影响，并发现数字经济通过提高农业生产性服务业发展水平和技术创新能力的双重机制，实现了对农业全球价值链分工地位的提升。

3. 区域产业分工动力机制研究阶段

随着区域产业分工定量测度的深入，学者对产业分工的动力机制有了更深刻的认识。在此方面，金煜等（2006）、贺灿飞等（2008）主要从新经济地理学的分析框架讨论经济地理和经济政策等因素在推动工业集聚方面发挥的效力。毕学成等（2018）选择新兴古典经济学分析框架考察制造业区域产业专业化、竞合关系，全面探究分工、产业集聚与经济增长的关系。

4. 区域产业分工中重点关注制造业区域分工阶段

随着我国崛起及在世界经济中地位的逐步提高，作为制造业大国，我国制造业的分工情况受到越来越多的关注。此阶段学界兴起通过新经济地理学相关理论考察制造业分工的潮流，强调产业集聚和空间分工是由企业层次上的规模报酬递增、运输成本和生产要素相互作用引致（袁丰，2009）。在该理论指导下，形成一系列成果，主要是从制造业整体分工进行考察，也有较少内容关注先进制造业区域分工（李凌雁等，2018），目前学术界对先进制造业并没有严格的界定标准,相关研究较为零散,集中在先进制造业内涵、评价体系、水平测度、生态价值等方面,我国也未建立起系统全面的先进制造业发展状况数据,但普遍认同先进制造业一般是指拥有先进制造技术和高附加值的行业,主要包含两类:一类是先进的生产制造技术或高新技术融入传统制造产业,升级改造成先进制造业产业;另一类是新兴的科学技术成果直接应用于生产实践而形成先进制造业(李金华,2017;张富禄,2018)。

二 经济空间联系的相关研究

(一)国外研究进展

从国外对空间联系的研究来看,具体可分为以下四个阶段:20世纪五六十年代,随着工业化的迅速发展,城市逐渐兴起,空间联系紧密,主要反映在城市间联系、商品流联系及中心地联系,其中,1956年,Walter Isard 的著作《区位和空间经济》(*Location and Space-Economy*)标志着区域科学的诞生。1962年,William Bunge 的《理论地理学》中对城市内部的运动与迁移、聚落格局与消费行为、交通、区域科学、城市结构等进行分析,推动空间分析理论、方法及模型的迅速发展与传播。到20世纪70年代,新地区和小社区得到发展,空间联系的研究集中在产业联系、公司联系及扩散联系。80年代,服务业和大都市区得到迅速发展,等级联系、相互作用联系成为空间联系的重要内容。进入90年代后,国际经济政治持续重组,城市环境质量降低,城市体系和大都市区再循环带来城市的增长和发展,空间联系主要通过城市增长及其形态的模拟研究间接反映。同时,大部分的空间联系内容是交叉、重叠的,难以划分准确的时间段。空间联系中的主要内容即为经济空间联系。本书研究的经济空间联系的研究阶段、内容与空间联系是紧密相连的。根据空间联系阶段、内容中与经济空间联系相关的内容加以概述,并完善补充新出现的内容。

1. 地区间的货物流、商品流联系、产业联系、企业联系

Golledge(1963)通过研究新南威尔士州20种主要货物中心,发现向内的货物与接受中心规模存在显著关系,进一步研究发现向外的货物运动与人口规模存在显著关系。Black(1973)分析并矢量因子

分析（常用地、有效地提取一组地区间商品流的方法）构建并矢量矩阵，然后采取主成分分析的方法绘制网络图。Muller（1977）利用增长模型区分北美地区三个时期的发展特点，指出区域间运输网、人流、物流等的变化，认为需要进一步厘清中心位置的相互依赖关系、商品基地的增长、制造业的崛起及城市大小的关系。伴随世界经济一体化的发展，各国经济难以实现孤立发展，需要融入整体之中，某国与其他国家间的联系日益紧密。其主要表现为一些企业（尤其是跨国企业）对内对外的联系。Gilmour（1974）经过研究发现在蒙特利尔地区198个公司中，32%的购买和27%的销售是在地方产生的。Huallachain（1984）基于赫希曼对前向联系、后向联系内涵的界定研究美国外资企业生产的产品反映出的地区间的材料联系，发现外资企业的发展在区域、国家层面来看对国内经济依赖严重，其在国内集成的程度与多种技术、市场准入、国家层面、系统的各个特征等相关。Jungyul（2004）以美国3110个县、361个制造业企业资料作为研究基础，利用区位基尼系数、莫兰指数、空间相关系数等探究制造业活动的空间整合情况。

2. 地区间的人流联系

19世纪80年代，Ravenstein发表《人口迁移规律》对距离和迁移的关系进行研究，随后，不少社会学者、专家将人口迁移与区域经济空间联系进行结合，如Stouffer（1940）引入干预的概念，基于迁移、距离、干预（机会）建立起中介机会模型；Zipf（1946）对迁移和距离的关系提出一系列法则，建立人文社会科学领域的引力模型；Dorigo（1983）提出"推—拉"理论的模型。Thomas（1960）运用多元回归分析方法研究芝加哥城市化地区人口增长及其他因素共同作用带来的区域联系，发现芝加哥城市化地区的北部、中部、西部经济联系密切，反映出地区内各要素与经济空间联系的关系。Siddall（1961）比较美国人口超过30万人的56个标准大都市区中的大城市批发贸易工人的数量与零售贸易工人数量间的比例来探究城市与其直接腹地之间的经济联系程度。Haynes等（1973）主要统计美国东北部地区1960年人口数量不少于50万的52个城市，研究高、低机会地区大都市间的迁移，发现低密度区域明显平坦于高密度区域，说明距离并非迁移行为的最佳预报因子。

3. 地区间的资金流、信息流

McCarty（1956）在其著作《工业布局中联系的度量》中阐述了产业联系的思想，利用回归——相关分析系统及其他统计技术确定了工业区位因子变量间的功能联系。Mulgan（1991）针对网络通信技术在促进城市产业结构、经济联系及地域扩张中的作用进行了探究。

4. 地区间的空间相互作用

在本书"经济空间联系的测度"中对引力模型、赖利模型、康弗斯模型、重力模型、潜力模型、威尔逊模型、经济相互作用模型、经济隶属度模型、城市流模型、W. Alonso 模型等测度区域空间相互作用的模型进行了详细阐述，此处做一个简单回顾，并进而补充利用这些相互作用模型展开研究的文献资料等。在运用计量模型、函数运算测度经济空间联系中，引力模型在测度"距离衰减效应"和"空间相互作用"中得到广泛应用，但在实践中面临的实际问题如操作不当等使引力模型的使用并非"放之四海而皆准"，需要加以修正。Kingsley 和 Haynes（1984）就对引力模型的参数进行调整性修改，同时多种函数运算方法兴起。Smith（1963）运用重力模型对夏威夷不连续地区间的相互作用进行分析。Matsumoto（2004）利用引力模型，基于 GDP、人口、距离等变量对航空流作用强度进行研究，研究结果表明亚洲的日本东京、中国香港、新加坡；欧洲的伦敦、巴黎、法兰克福、阿姆斯特丹以及美国的纽约、迈阿密正在不断强化它们的国际中心地位，展示了国际航空港城市群的网络结构。针对距离对空间相互作用的线性反比关系的批判，许多学者提到空间相互作用强度对距离的幂函数及指数依赖关系，并对此进行修正完善。Russon 等（1995）修正重力模型，并为其他模型行程更为精确的参数估计变量。Jose 等（2012）以布尔诺集聚作为研究对象来研究零售引力模型、人们的购物习惯和购物场所等，上班、上学过程中的日常购物及其他的服务、旅行等构成居民生活的重要内容，这些内容导致日常城市体系中形成更强的联系。以空间相互作用理论作为源泉，空间经济计量学获得发展，其空间关系理论分析框架在20世纪末才逐渐被提出。其过程可以表示为：Paelinck（1979）对空间相互依存的重要性、空间关系的渐进性及位于其他空间的适当因素的作用。Aoki（1996）建立均值域相互作用宏观模型。Akerlof（1997）建立相互作用粒子系统模型，该模型的提出对理解社会决策起到重要作用。Durlauf（1994，1995）对邻近溢出效应模型和随机场模型进行阐述。Fujita等（1999）提出报酬递增、路径依赖、不完全竞争等新经济地理模型。Guoqiang Shen（2004）基于城际航空乘客流建立SAM模型，用来估计大范围内城市/节点间的吸引力及相互作用强度。

5. 空间交通运输联系

通过空间运输联系反映区域经济的内容是地区经济空间联系中的重要内容，其研究与使用模型具有一定的相似性，主要是运用公路、铁路、水运、航空等交通运输方式的联系对区域空间相互作用、经济联系等进行反映，同时能够反映区域的经济辐射范围及区域结构等，所以前述内容与这部分内容同样是相互融合的关系。Fred（1954）利用一个完整地区内各种不同的运输方式研究了相互作用的理论及方法。Rietveld等分析了空间运输与区域经济之间的关系。Goetz（1992）基于美国人均航空客运流动人口的就业及变化最大的50个城市航空运输的旅客流、货物流，关注航空客运指数的显示功能，对城市体系航空网络结构及城市体系的等级规模结构进行分析。Mun（1997）提出基于城市交通网络联系的多城市经济的一般均衡模型，根据数值模拟对城市不同的交通网络模式带来的城市规模分布及家庭福利进行研究，结果表明，改善交通网络能够增加特定城市的企业、家庭密度，有效增加福利，此外，不同历史路径形成的网络改进能够带来差异巨大的城市规模分布。Kobayashi等（1997）以高速铁路建设为例，建立多因子区际增长模型描述资本与知识积累间的动态依存关系，对城市间的经济联系进行动态模拟，强调地理及高速铁路建设的定性因素间的差异可能会影响区域经济增长。Lower（1998）将美国大都市通勤的空间扩散模式作为实例，研究大都市的分散化与通勤、劳动力市场特征及通勤扩散中出现的空间变化。Hesse和Rodrigue（2004）指出区域间运输演化模式包含流、节点、网络这些空间相互作用中的核心组成部分，强调物流研究在区域经济发展中具有重要地位。随着 GIS 等分析工具在区域经济空间联系研究中的广泛应用，一系列研究选择在 GIS 环境下开展。Pavlos 等（1998）利用 GIS，使用网络分析运用操作模型，对安大略公路基础设施的改善对经济产生的影响进行了深入分析。Mark 等（2001）在 GIS 环境下，运用一系列模型探究美国 100 个城市间节点交互作用矩阵，形成交通网络 Hub 轴—辐模式。

6. 城市中心性、范围反映出的经济空间联系

城市与其直接腹地间的联系反映了中心城市的中心性。Dickinson（1934）通过人均销售额、分公司销售额、联邦储备银行位置等来确定中心性，由此对美国的大都市区边界进行确定，进而确定腹地边界。Harris（1943）将批发、零售业作为测度中心城市中心性的度量。Beyers（1974）提出增长中心联系体系理论，对具有地理属性的增长中心连锁系统进行全面研究。

7. 城市等级、结构反映出的经济空间联系

自克里斯泰勒提出中心地理论后，关于城市中心等级的研究日益得到重视。Mckenzie（1933）认为城市的产业发展与城市扩展、城市内部功能组织的变化是相互关联的，且都市圈产业空间的拓展是建立在产业各个要素相互关联的基础上的。随着对城市群空间组织研究的兴起，Gottmann（1961）、Donald 等（1961）普遍强调城市体系经济联系作用与地域空间扩展带来了大规模的城镇群体化现象。Scott（1970）指出空间动态集中在空间的分布和地区联系方面的时间变化。Dziewonski（1971）认为中心地功能与第三产业部门基本一致，但专业化功能基本与第二产业部门一致。但 Zagozdzon（1978）认为中心地功能联系具有等级次序，而专业化功能联系既可能有等级也可能为非等级的。Griffith（1979）认为空间和非空间各要素的相互作用形成了地理现象，城市支配、空间建构、空间动态等相互作用形成城市体系。Rykiel（1984）认为城市体系不断变化，从时间来看，与中心地功能相关的联系更为稳定，而专业功能联系可能具有更多变化。

8. 空间集聚与扩散联系

空间集聚与扩散主要指经济和人口的空间分布动态变化趋向，是在这个动态变化趋向过程中展现出的对立统一的复杂过程，往往彼此融合，且随一定条件发生转化，由集聚或扩散过程带来的空间密度、形态、结构等也呈现多样化的具体变化。在19世纪末20世纪初到70年代，西方国家普遍从城市化发展阶段进入到逆城市化阶段时，国外对空间集聚与扩散展开了较多研究，到80年代，随着城市群、大都市区、城镇密集区等兴起，人们从单纯关注空间集聚与扩散的研究转移到对城市蔓延、城市区域一体化等复杂问题的分析。1917年，规划学专家伊利尔·沙里宁（Eliel Saarinen 出生在芬兰，后加入美国国籍）提出"对日常生活进行功能性的集中""对这些集中点进行有机的分散"，并指出"集中"和"分散"对城市发展的意义。1943年，沙里宁出版著作《城市：它的发展、衰败与未来》，明确阐述有机城市和有机疏散理论，体现出一种折中的城市分散和集中理论。沙里宁的思想观点被西方专家学者认为是对区域经济集聚—扩散空间过程的初步研究成果，到20世纪50年代后，对集聚、扩散力量的深入研究逐步发展起来。其中较为典型的研究有：佩鲁的增长极理论，系统研究了极化、扩散效应对地区增长极形成产生的作用；缪尔达尔的"循环累积因果"理论，认为社会经济是一个由相互联系、互为因果的多种因素构成的关系体，发展较为发达地区会对发展较为落后的地区有回波效应和扩散效应，当两种效应同时存在时，先是回波效应大于扩散效应，导致落后地域与发达地区经济发展差距拉大，发展到一定阶段，会出现扩散效应大于回波效应，发达地区刺激落后地区的经济发展；赫希曼在《经济发展战略》中系统阐述极化效应（较发达地区的发展对较落后地区发展产生不利影响）和涓滴效应（较发达地区的发展对较落后地区发展产生有利影响），在区域经济发展中，涓滴效应最终会占据优势；弗里德曼的核心—边缘理论将区域空间动态变化过程划分为四个阶段，哈格斯特朗等理论地理学家提出社会经济客体存在空间扩散和空间集聚两种倾向的空间扩散理论；Williamson 等（1965）分析24个国家横断面数据及10个国家短时间序列数据后发现"国家发展水平与区域不平等或地理差异之间存在有机的联系",在区际经济发展中会形成倒"U"形态势;后来研究城市的专家刘易斯·芒福德(美国)及英国的霍华德进一步采用"磁力"理论对城市的集聚与扩散进行研究。在经济空间联系中的集聚、扩散联系有利用模型模拟进行间接的反映,Witten 和 Sander(1983)建立有限扩散聚集 DLA 模型后,运用 DLA 模型研究扩散集聚的内容增多,如 Tiwari 等(2013)对生物体的集聚扩散联系进行研究。除 DLA 模型外,Besussi(1998)利用 CA 模型研究意大利威尼托中心地区的"扩散之城"现象,强调"扩散之城"是空间分布的扩散模式,Wu(1998)指出城市空间结构的转变对可持续发展具有重要且深远的影响,同样利用 CA 模型指出数量变量(人口密度)、二进制状态变量(选择或不选择)通过城市演化而相互联系,累积人口密度和本地交互的合力能够形成稳定的分中心,分中心首先通过随机的错误,如带来集群的发展,然后集群继续捕捉发展机遇来强化本地交互合力。在研究经济空间联系时,扩散联系主要包含创新扩散联系和扩散网络联系两方面内容。在 20 世纪 70 年代,诸多研究就已经证实创新扩散框架能够有效解释、模拟城市体系及地区联系的发展过程,如 Pred(1975)认为在发达国家,城市体系发展的扩展解释应考虑保证更大份额就业的私人和公共部门中的多功能、多地点的组织。而网络主要反映空间物流、人流、信息流、资本流、技术流等流动形成的体系。对扩散网络的研究主要有研究一定地区多个不同时期的扩散情况、类似现象在不同网络中的扩散情况。

(二)国内研究进展

1. 早期研究特点

从霍华德对田园城市的研究开始,经历了戈特曼大都市带学说及 McGee(1991)、Lynch(1980)、Ginsburg(1991)等学者对一些国家内城市密集区域的研究,城市群的概念逐渐立体起来。从国内来看,中国学者从 20 世纪 80 年代后对境内城市密集区的研究关注程度提高,纷纷提出许多与城市群概念相近的称呼,如都市连绵区、城市带等。1991 年,周一星提出都市连绵区的说法,认为其是以若干大城市为核心并与周围地区保持交互作用和紧密的经济联系,并将长三角、珠三角、京津唐及辽中南作为都市连绵区进行了系统的探究。1992年,姚士谋在其著作《中国的城市群》中对城市群进行概括,认为在一定范围内,城市间、城市与区域间存在相互作用、相互制约的功能,通过交通网络实现了不同等级城市的一体化交流与融合。1998年,周一星根据区域发展的非均质性提出城市与区域城市体系的主要经济联系方向理论,为确定城市经济地位、城市实体的空间延展方向提供了重要的理论参考。通过周一星、姚士谋等专家的研究成果反映出城市间密切的人流、物流、交通流构成区域发展的基础。基于此,以多个地区为研究对象,分析其内部城市间经济空间联系具有较明显的现实意义。

20世纪八九十年代作为早期对地区空间联系的研究主要通过具体单元间的各类联系进行描述,如Park(1992)基于1985年、1987年韩国矿业与创造业的调查报告探究高技术产业开展的形式和选址的动力;利用1989年针对高技术产业公司开展的问卷数据分析其原料、销售、服务及高素质劳动力间的空间联系。费洪平(1996)以企业作为具体的研究对象,探讨在不同经济条件下企业空间联系的不同模式,并对企业组织增长和空间联系变化的特点进行了概括。接下来的内容是对进入21世纪以来的区域经济空间联系主要研究内容的归纳概括。

2. 经济联系方向及经济联系强度

在非均质空间和理智的人类活动条件下,城市、区域的空间结构受到主要经济联系方向的牵引而呈现一定的规律性。从协同学的原理出发,经济区内各个城市通过非线性相互作用能够产生特定的自组织结构,表现为一种有序状态,即城市间通过人流、资本流、信息流等要素流动来产生凝聚力和协同力。研究主要有以下几点:①经济联系方向,崔和瑞(2008)在经济联系方向理论、方法的基础上,全面研究京津冀地区城市间的经济联系方向,确定了京津冀地区城市间三个不同层次的经济联系程度。②经济联系强度,王培安等(2011)基于"点—轴"理论,采用城市流强度模型测度西北地区四大铁路经济带内的区域经济联系，比较、分析获得的数据。王丹丹等（2015）利用ArcGIS工具，通过最短时间修正引力模型计算大连与周边城市的经济联系强度。③经济联系方向与经济联系强度，苗长虹等（2006）利用引力模型，测算河南省省辖市间及它们与全国各省会城市间的经济联系强度。任芳（2012）利用经济联系强度与方向模型，计算福建境内9个辖市的经济联系强度和隶属度，分析省内经济联系方向，运用GIS进行可视化表达。④经济联系强度及影响因素。张乐等（2013）利用引力模型、经济隶属度模型测度金华市、义乌市的经济联系强度值，接着从理论解读来分析区域经济差异及地方分权化对两市间要素双向流动的作用机制，并从定量角度给予验证。除此之外，还有对区域经济格局；空间联系演变特征；经济联系方向、强度与区域发展间关系的探究。如尹鹏等（2014）运用加权平均旅行时间、时间距离引力模型对东北地区省际经济联系强度进行测算，并根据经济联系隶属度确定省际经济联系的方向，对进一步从区域战略政策、交通运输设施、产业分工协作及自然地理环境角度对省际经济联系的格局产生机理进行探讨。初楠臣等（2015）采用中心职能指数、经济联系强度模型、地缘经济关系模型和可达性模型对东北振兴战略实施前后哈大齐城市密集区空间联系的演变特征进行综合测度，将其分化情况、城际经济联系量、城市间内部联系强度、对外经济联系方向、地缘经济关系、经济潜力值、空间极化现象等进行了定量和定性说明。滕堂伟等（2013）在卫星城（子城）与大都市（母城）间的微观区域尺度上，采用区域经济相互作用引力模型对上海临港产业区与上海各市级及以上开发区的经济联系强度和隶属度进行度量，确定了卫星区域的区域经济联系方向及区域差异，实现了量化表达。

3. 交通运输联系

随着交通运输地理学的发展，客流、货流带来地区间经济空间联系与经济往来；交通基础设施的布局对地区经济联系的空间特征等带来影响，关于这些内容的研究越来越引起专家、学者及社会的关注。区域交通、物流等联系是实现经济联系的有效载体，现有研究主要是基于公路、铁路、航空等交通运输工具的联系展开的。在这方面，中科院地理所的金凤君教授的研究较为典型。从20世纪80年代末他便对新疆交通运输和经济发展的关系进行探究，针对交通运输中存在的问题，利用因子分析、相关比较的方法，对新疆交通运输的优势和组合条件进行描述，并相应地提出应发展内向型为主的经济体系及对应的交通运输网络。进入20世纪90年代后，加强对影响我国空间运输联系中自然、经济等各类因素及在空间运输联系中铁路等各类运输方式的作用这些内容的研究，揭示省级区域间以实物交流产生的经济依存关系，其目的在于引导良好经济活动的发展。其间，对经济联系和运输联系的区别及共存发展等进行详细阐述，明确指出经济联系是运输联系发展的动因，运输联系是经济联系的物质形态，并对其具有促进作用。对大西北地区、京九南端交通运输网络的完善提出了意见。并积极关注内地与香港间的客运联系及我国交通通信设施的区域发展类型。进入21世纪后，对航空网络、铁路等客运网络带来的空间经济影响进行了探究与分析。除金凤君外，张文尝等（1994）对空间运输联系的生成、增长规律及分布、交流规律等进行研究。王姣娥等（2014）利用GIS工具构建时间成本矩阵，针对全国333个地级行政单位和4个直辖市构建无高铁、高铁现状和规划高铁三种情形，分别探讨三种情形下的对外经济联系总量和城市间的空间经济联系强度的空间分布特征。除对全国范围的研究外，还有针对具体省份或经济圈的空间运输联系展开的研究，如李斌（2009）运用调查的客运O-D数据及统计数据进行编程，运算生成河南省空间运输联系网络图，进而计算各河南各地市的运输联系势能的潜力情况。程丽丽（2009）采用主成分分析、聚类分析的方法将陕西省划分为六个运输区域，进而对每个运输区域的空间运输联系强度进行探究。姜博等（2012）从空间运输联系的视角出发，对东北城市密集区的空间联系演变规律进行详细分析。上述文献中研究方法多样，有从理论出发进行研究的，也有通过交通优势度、函数运算等方法来探究城市的空间联系，如刘传明等（2011）基于金凤君、黄晓燕等研究创立地区综合交通可达性动态变化的测算方法来研究交通与城市连接的关系。戴特奇等（2005）以我国20世纪90年代城际铁路客流为例，基于"点—轴"理论或"轴—辐"

(Hub-and-spoke)理念，采用传统重力模型、位序—规模模型等定量分析研究城市群的空间相互作用及网络结构演变。

4. 区域经济联系及空间相互作用

在地区经济空间联系的研究中，区域经济联系及空间相互作用是研究较多的内容。对区域经济联系来说，主要通过引力模型（或修订后的引力模型）、城市流模型等计算区域经济联系度、城市流强度、城市外向功能量等，对区域经济发展状况进行定量分析。如朱顺娟等（2009）利用城市流强度模型对长株潭城市群城市间联系进行定量分析。陈群元等（2011）通过城市外向功能强度、城市流强度结构及与三次产业进行多元线性回归分析考量长株潭城市群的发展情况。刘建朝等（2013）基于京津冀城市群区域和产业维度，构建经济联系强度、城市流模型，综合分析城市群间的空间联系。也有利用投入产出模型分析区域经济联系，如石敏俊等（2006）根据我国宏观区域间的投入产出数据及资料，对20世纪末各地区产业增长的驱动力进行判别。进行除定量分析外，也有通过实际情况的描述、信息流、劳动力流分析区域间空间相互作用（物流、航空流放在前面的交通运输联系里）。如戴学珍（2002）基于北京、天津空间相互作用的历史、现状及发展趋势，对影响空间相互作用的各类因素（距离、规模、互补性、介入机会等）进行了重点分析。范剑勇等（2004）建立一个新国际贸易理论和新经济地理学的框架，对中西部地区农村劳动力跨省转移的结构、数量、城镇类别及行业的选择进行剖析，并以广东省作为研究对象，探究外来农民工的进入与流入地、流出地的经济发展关系。还有对空间相互作用各类模型的详细剖析。如陈彦光（2009）在空间复杂性观念和分形思想引导下，对空间相互作用模型进行了更为深入的发展。

5. 区域空间格局、结构

区域空间格局及结构主要表现为在特定的社会经济发展水平下，区域内的各个城镇之间产生相互作用或相互联系而形成的空间分布形态，是长期经济发展及要素流动过程中人类活动和区位选择的结果，通过计算经济空间联系强度、方向等对区域空间格局及结构进行分析成为经济空间联系研究中的重要组成部分。有一部分研究主要利用计量模型对物流、商品流等进行测度,从而展现研究区域的空间结构。如刘承良等(2007)利用经济联系隶属度模型对武汉都市圈经济社会要素流进行空间分析,确定空间结构呈现以武汉为中心的"鞍形"圈层结构,空间格局呈现以武汉为中心的"等级放射状"的要素流格局。王海江等(2012)通过空间相互作用重力模型,整理2000年、2009年的市区总人口、GDP及公路运营里程等指标对全国287个地级以上中心城市的省域空间经济联系进行测度,并根据计算得出的经济联系强度绘制经济联系空间分布格局图。还有一部分主要利用交通工具的改善带动区域空间格局及结构的发展作为研究重点。如鲁瑞虎(2012)指出高速铁路能够带来"时空压缩"效应,可以改善沿线城市的可达性,由此对湖南省武广铁路沿线区域空间结构的现状特征、形成机理、空间重组的具体措施进行阐述与分析。叶磊等(2015)采集江苏13个地级市间的公路、普通火车、高铁(CRH)及信息网络数据,基于流空间视角对江苏空间结构特征、发展趋势展开分析与探究。

6. 区域经济空间网络

利用网络节点研究区域经济空间联系的内容逐渐增多,其中利用社会网络分析方法或结合GIS工具来探究城市间的经济网络结构日益成熟,该研究主要出现在2010年后,属于比较新兴的研究方法。如李响(2011)利用社会网络视角对长三角地区的16个核心城市间形成网络的基本形式、结构属性和内部特征进行分析。方大春(2013)同样利用该研究方法对安徽各城市间的经济联系特征进行探究。邹琳等(2015)通过修订后的引力模型计算出长江经济带主要城市间的经济联系强度值后,结合社会网络分析和核密度估计方法,对长江经济带经济联系的网络空间状况进行阐述与进一步的挖掘。郑文升等(2016)将安徽78个县级经济区域作为网络节点,采取修正后的1996年、2004年、2013年的经济联系强度反映节点间的联系,综合利用GIS及社会网络、空间马尔科夫等方法对县际经济联系网络结构的动态变化和影响因素进行分析探究。除了利用社会网络分析方法来对城市间经济空间联系进行定量探究外,还有一些学者采用社会网络分析的方法,以企业作为研究对象,既有单纯研究企业的空间联系,也有借企业空间联系的情况来反映城市经济的空间联系。接下来进行分别的列举,①单纯研究企业空间联系较有代表性的文献有:李勇进等(2008)对甘肃省白银市重点资源型企业之间在生产主要产品、副产品及处理废弃物之间的关系利用社会网络分析的方法进行表达,展现白银市企业网络的基本特征。②借企业空间联系的情况来反映城市经济的空间联系的有:李仙德(2012)建立区域和国家两个尺度,在区域层面,运用社会网络分析方法对基于企业网络的长三角城市网络进行深入探究,确定其存在空间极化的发展趋势,受到行政区经济的深刻影响,与经济发展水平密切相关;在国家层面,将企业网络与城市网络相结合确定长三角对中国整个城市网络的吸引力情况。东北师范大学2013届博士研究生陈延斌在其博士毕业论文《山东省外资企业空间格局演变及城市网络体系变化》中的第五章将世界500强企业在山东的投资企业数据作为依据,采用社会网络分析方法来构建基于企业联系的城市网络,并进一步设立指标,运用多元线性回归方法分析对城市空间网络产生影响的各类因素。还有一部分研究从航空、铁路网络的空间结构出发来反映城市间的空间关联网络特征。如武文杰(2011)等利用复杂网络模型,基于1983—2006年的航空统计数据,对中国城市航空网络结构特征进行分析,由此反映各个城市在整个网络中的地位和作用,并反映通过高速交通网络的支撑,在自然空间中,社会经济活动的扩散和极化过程。

除以上的主要研究内容外,在关于"经济空间联系"的研究文献和资料中,还有部分研究关注经济空间联系的影响因素、驱动力机制等,如逯笑微等(2014)利用城市流强度测度辽宁沿海经济带城市群的城市流强度值、强度结构后,指出该数值偏小的影响因素是制造业作用较大但第三产业发挥的作用较小,整个区域处于以工业增长为主的初级阶段,并进而提出优化区域经济空间联系的强度。且这些研究往往作为以上主要研究内容中的一部分辅助内容,占的比重相对较少。

第二节 主要的测度方式

一 区域产业分工的测度

（一）基于地区专业化水平的测度

1. 区位熵 LQ_{ij}

区位熵是衡量区域内优势产业的基本方法，自从被提出后，便被多次运用到区位分析中。计算公式为：

$$LQ_{ij} = \frac{X_{ij} / \sum_{j=1}^{m} X_{ij}}{\sum_{i=1}^{n} X_{ij} / \sum_{i=1}^{n} \sum_{j=1}^{m} X_{ij}}$$

其中，i 为 i 地区，j 为 j 产业，X_{ij} 为 i 地区 j 产业的总产值，该式表示 i 地区 j 产业的产值在 i 地区所有产业总产值中的比重与 i 地区所在的地区 j 产业的产值在 i 地区所在的地区所有产业总产值的比重之间的比率，此时的 LQ_{ij} 也可称为产值集中度或产业专业化指数。同时，该式中的产业产值也可用人数、产量、固定资产额进行计算，此时计算出的 LQ_{ij} 依次被称为劳动力集中度、产量集中度和固定资产集中度。通过计算，若 $LQ_{ij}>1$，说明 i 地区 j 产业专业化程度较高；若 $LQ_{ij}<1$，则产业专业化程度较低，LQ_{ij} 的值越大，其发展越具有优势（王春萌、谷人旭，2018）。

2. Hoover 地方化系数

胡佛于 1936 年提出 Hoover 地方化系数，多用于表示某个行业在各个区域间的集聚程度，其表示由行业地方化曲线与 45 度直线围成的面积与曲线所在的三角形面积之间的比值，取值在 [0, 1] 之间，取值越大表示产业的集聚程度越高。要计算 Hoover 地方化系数，首先需要利用产值计算 j 行业在 i 地区的区位熵［方法同区位熵公式］。当计算出的 $LQ_{ij}>1$，说明 j 产业在 i 地区的集中程度较高，若 $LQ_{ij}<1$，则反之；在此基础上，将 j 产业在所有区域 $i=1，2，\cdots，m$ 的区位熵

值进行降序排列，获得 m 个区域的排列组合。将 j 产业在各个区域产值的累计百分比［区位熵公式中的分子］绘制在 y 坐标轴上，将 j 产业在各个区域总产值的累计百分比［区位熵公式中的分母］绘制在 x 坐标轴上（樊福卓，2007），由此构成 j 行业的区域集聚曲线。当 j 行业在各个区域间均匀分布，该系数为 0；当 j 行业集中在一个地区时，该系数值为 1。

在反映一个国家某个产业地区专业化水平时，通常采用 Hoover 地方化系数的算术平均值（A）和加权平均值（B），根据表 2-1 提供的 3 地区 2 产业的模型信息可以确定，A 从 0.2143 升至 0.2212，反映出地区专业化水平提高，B 从 0.2083 降至 0.2079，反映出地区专业化水平降低。通过 Hoover 地方化系数的两种方法计算得出的地区专业化水平却存在差异，在一定程度上对 Hoover 系数的合理使用提出了疑问（樊福卓，2007）。同时，Hoover 地方化系数未对不同行业内企业的集中程度进行考虑，假设一个行业只有一个企业，那么全行业都会集中在一个区域，此时和有 100 个企业集中在同一区域的行业的区域集聚程度是不同的（路江涌、陶志刚，2006）。

表 2-1　Hoover 地方化系数的算术平均值和加权平均值的变动比较

		时期 1				时期 2			
		区域 1	区域 2	区域 3	区域 4	区域 1	区域 2	区域 3	区域 4
产值（亿元）	产业 1	400	100	200	700	1000	250	400	1650
	产业 2	100	200	200	500	200	400	400	1000
Hoover 地方化系数	A	0.2143				0.2212			
	B	0.2083				0.2079			

3. 地区相对专业化指数 K_i、地区间专业化指数 K_{ij}

地区相对专业化指数也被称为某地区的专业化程度，表示某一区域各行业的专业化系数同全国其余地区相对应行业专业化系数差的绝对值之和，测度的是 i 地区与除 i 地区之外的其他地区平均水平产业结构的差异（范剑勇，2004）。

$$K_i = \sum_k |S_i^k - \overline{S_i^k}|$$

地区间专业化指数(Krugman Specialization Index)又可称为Krugman专业化指数、K-spec指数等。其直接衡量的是两地区间产业结构的差异程度,取值范围在[0,2]之间,数值越大,说明两地区的产业结构差异越大(范剑勇,2004)。

$$K_{ij} = \sum_k |S_i^k - S_j^k|$$

$$S_i^k = \frac{E_i^k}{\sum_k E_i^k}$$

$$\overline{S_i^k} = \frac{\sum_{j \neq 1} E_i^k}{\sum_k \sum_{j \neq 1} E_i^k}$$

上述各公式中,i、j、k分别为i地区、j地区、k行业,E_i^k为i地区k行业的产值(或从业人员)。地区相对专业化指数和Krugman专业化指数是从自身和区域间两个角度研究区域间制造业的结构差异,两者相互补充(孙久文、姚鹏,2015)。

4. 全域专业化指数$G(s)$

马立根和施密特(Mulligan and Schmidt, 2005)提出描述一个国家或地区整个空间经济的地区专业化特征的度量指数——全域专业化指数,该指数以一个国家或地区在全国产值或就业份额为权数计算各地区专业化系数加权和进行衡量。

$$G(s) = \sum v_i CS_i \qquad v_i = \frac{x_{i\circ}}{x} \qquad CS_i = \frac{1}{2} \sum_i \left| \frac{x_{ij}}{x_{i\circ}} - \frac{x^\circ j}{x} \right|$$

以上各公式中,i为i地区,j为j产业,x_{ij}为i地区j产业的产值或就业量,$x_{i\circ}$为i地区的总产值或总就业量,$x^\circ j$为全国j产业的总产值或总就业量,v_i为i地区在全国的产值份额或就业份额,CS_i为i地区的地区专业化系数(或称为Krugman修正指数),由Krugman专业化指数除以2获得。$G(s)$的取值范围在[0,1]之间,其值越大,产业的空间分布越集中,各地的专业化越明显;反之则产业的空间分布越分散,各地的产业结果与全国的平均水平越接近(蒋媛媛,2011)。

（二）反映产业集聚的相关指数

1. 行业集中度 CR_n、行业集中系数 CC

在衡量产业集中程度时，由于数据较易获取、计算过程较为简单，使行业集中度的使用较为多见，其主要反映规模最大的几个省份某产业指标占全国该产业指标的份额比重，该产业指标有产业产值、产业增加值、产业从业人员、从事该产业的企业数量等。

$$CR_n = \sum_{i=1}^{n} X_i \Big/ \sum_{i=1}^{N} X_i$$

其中，X_i 表示某产业的指标占全国该产业指标的份额，n 表示规模最大的前 n 个省区，一般取 1、4、8，N 表示全国省区总数（张维阳等，2011）。若计算得出的 CR_n 值较大，说明该产业的集中度较高；反之，则较低。CR_n 的计算往往因为 n 取值的不同而产生差异，也未涉及从事该产业的企业数量与产业总规模间的差异，于是利用行业集中系数 CC 进行弥补。

$$CC = \frac{CR_n}{100n/N}$$

该公式中分母 $100n/N$ 表示计算的企业占从事该产业的所有企业总数的比例。

2. 赫芬达尔-赫西曼指数（Herfindahl-Hirschman index，HHI）

最开始在产业经济学中，赫芬达尔-赫西曼指数多运用在研究市场结构中，后来专家学者将赫芬达尔-赫西曼指数运用到研究地区产业结构、产业分布状况中。赫芬达尔-赫西曼指数的计算公式为：

$$HHI = \sum_{i=1}^{n} \left(\frac{X_{ij}}{X_j}\right)^2$$

其中，i 为地区，X_{ij} 为 i 地区 j 产业总产值，X_j 为 i 地区所有产业的总产值。HHI 的值越大表示地区专业化水平越高；反之则表示地区专业化水平越低（段会娟、梁琦，2009）。若所有的经济活动均匀分布，则 $HHI = 1/n$，若所有的经济活动都集中在一个地区，则 $HHI = 1$（毛广雄等，2015）。HHI 能够较为准确地反映产业地区集中度的差别，但未考虑其他产业的空间分布，使不同产业之间难以比较，且若要计算某个指定市场的 HHI，前期数据收集工作量较大。

3. 熵指数 EI

熵指数也被称为因托比指数、E 指数，它来源于信息理论中熵的概念，具有平均信息量的含义。EI 的计算公式为：

$$EI = \sum_{i=1}^{N}\left[\left(ln\frac{1}{X_i}\right) \times X_i\right]$$

其中，X_i 表示某地区 i 产业的产值（产业增加值、销售额、从业人员、企业数量）等占该区域产业总产值（产业总增加值、销售总额、总从业人员、企业总数）的百分比。EI 取值范围在 $[0, lnN]$ 间，其值越大，说明产业专业化水平越低；反之则专业化水平越高。之后，马弗尔斯（Marfels，1971）基于此进行改进，形成规范熵。若相互竞争的企业规模均相当，$e^{-EI}=1/N$，当 $N \to \infty$，$e^{-EI}=0$，说明市场是完全竞争的；当市场处于完全垄断时，$e^{-EI}=1$，规范熵和实际更为密切，应用更为普遍。

$$e^{-EI} = \prod_{i=1}^{N} R_i^{R_i}$$

4. 区位基尼系数

区位基尼系数是较为常用的测算产业集聚和地理集中程度的方法，能够从整体上反映区域间的专业化分工强度。其取值范围为 $[0,1]$，当结果距离 0 越近，表示产业分布越均等，当结果距离 1 越近，表示产业分布越集聚（罗胤晨、谷人旭，2014）。

$$G_i = \frac{1}{2N^2\mu}\sum_j\sum_k\left|\frac{x_{ij}-x_{ik}}{X_i}\right|$$

其中，x_{ij}、x_{ik} 为 i 产业在 j 省、k 省的产值，X_i 为所研究区域的 i 产业的总产值，N 为研究的子地区数量，μ 为 i 产业在各子地区的比重均值，经计算确定 $\mu=1/N$。区位基尼系数可依据在 i 产业在所研究区域的产业洛仑兹曲线进行表示（见图 2-1）。

产业洛仑兹曲线与正方形对角线形成的区域面积记作 S_a，右下方三角形中除去 S_a 的部分的面积记作 S_b。则可将区位基尼系数列为：

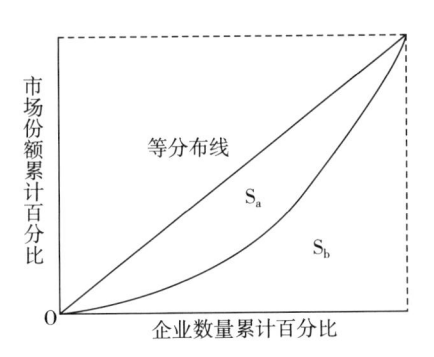

图 2-1　产业洛仑兹曲线

$$SGC = \frac{S_a}{S_a + S_b}$$

洛仑兹曲线下凸程度越小，SGC 越小，产业分布越均匀；反之则产业越集聚。

5. 空间集聚指数（E-G 指数）

在研究企业规模差异对某产业集聚程度造成影响时，区位基尼系数的计算并未注意到该问题。面对这种情况，埃利斯和格莱泽（Ellison and Glaeser，1997）提出空间集聚指数（E-G 指数）来对产业的集聚程度进行探究。假设某地区某产业内有 N 个企业，且将该经济体划分为 M 个地理区域，这 N 个企业分布在 M 个地理区域内，E-G 指数可列为：

$$r = \frac{G - \left(1 - \sum_i x_i^2\right) H}{\left(1 - \sum_i x_i^2\right)(1 - H)} = \frac{\sum_{i=1}^{M}(s_i - x_i)^2 - \left(1 - \sum_{i=1}^{M} x_i^2\right)\sum_{j=1}^{N} Z_j^2}{\left(1 - \sum_{i=1}^{M} x_i^2\right)\left(1 - \sum_{j=1}^{N} Z_j^2\right)}$$

其中，x_i 为 i 地区从业人员数量占经济体从业总人数的比重；s_i 为 i 地区某产业从业人员数量占该产业全部从业人员数量的比重；Z_j 为第 j 个企业的市场占有率；G 为区位基尼系数；H 为赫芬达尔-赫西曼指数。

（三）地区专业化系数

2007 年，樊福卓在《地区专业化的度量》一文中基于封闭经济假设(一个国家处于封闭经济的环境中,缺少对外的经济联系)和地区间需求结构一致的假设(该国中任何地区的需求结构一致),认为地区专业化水平越高,地区间贸易的相对规模就越大,当贸易的相对规模越大,则地区专业化水平越高,基于这种地区专业化与贸易间的关系构造了地区专业化系数来考量地区专业化水平,有人称为 F 系列。FR_i 为 i 地区的专业化系数,反映其与其他地区发生的贸易的相对规模:

$$FR_i = \frac{1}{2}\sum_{j=1}^{n}\left(|s_{ij}-s_j|\sum_{j=1}^{n}E_{ij}\right)/\sum_{j=1}^{n}E_{ij} = \frac{1}{2}\sum_{j=1}^{n}|s_{ij}-s_j|$$

其中,m 为所研究国家的地区个数;i 为其中一个地区,即 $i=1, 2, K, m$;n 为行业个数;j 为其中一行业,即 $j=1, 2, K, n$;E_{ij} 为 i 地区 j 产业产值;s_{ij} 为 i 地区 j 产业产值占其所有产业总值的份额;s_j 为国家 j 产业产值占其所有产业总产值的份额。对于 $j=1, 2, K, n$,若总有 $s_{ij}=s_j$,则 $FR_i=0$;当 i 地区实现完全的专业化分工时,则 $FR_i = \sum_{j=1}^{n}E_{ij}/\sum_{i=1}^{m}\sum_{j=1}^{n}E_{ij}$,这也是 FR_i 的取值范围(樊福卓,2007)。

接下来用 FI_j 表示 j 行业的地方化系数,反映该行业发生的地区间贸易的相对规模。

$$FI_j = \frac{1}{2}\sum_{i=1}^{m}\left(|s_{ij}-s_j|\sum_{j=1}^{n}E_{ij}\right)/\sum_{i=1}^{m}E_{ij}$$

若每个地区 j 行业的产值占其行业总产值的比重都相等,则 $FI_j=0$,若 j 行业集中在一个地区且该地区仅生产 j 行业的产品时,则 $FI_j=1-s_j$,同时反映出 FI_j 的取值范围。

然后用 F_{mm} 表示地区专业化系数,反映该国家发生的地区间贸易的相对规模。

$$F_{mm} = \sum_{i=1}^{m}\left(FR_i\sum_{j=1}^{n}E_{ij}/\sum_{i=1}^{m}\sum_{j=1}^{n}E_{ij}\right) = \sum_{j=1}^{n}(FI_js_j) = \frac{1}{2}\sum_{i=1}^{m}\sum_{j=1}^{n}\left(|s_{ij}-s_j|\sum_{j=1}^{n}E_{ij}\right)/\sum_{i=1}^{m}\sum_{j=1}^{n}E_{ij}$$

F_{mm} 的计算公式表明,地区专业化系数既是 m 个地区的专业化系数的加权平均值(第一个等号),又是 n 个行业的地方化系数的加权平均值(第二个等号),在一定程度上解释使用 Hoover 系数时采用加权平均值更合适。当每个地区产业结构完全一致时，$F_{mm}=0$；当每个地区实现了专业化分工时，$F_{mm}=(m-1)/m$，也反映出 F_{mm} 的取值范围。F_{mm} 的计算表明从行业角度或从地区角度入手，计算一个国家的地区专业化水平得到的结论一致，地区的相对规模因素具有明显的"内生"特性，使其能够在"开放经济"中研究地区专业化问题（樊福卓，2009）。

二 经济空间联系的测度

（一）引力模型

19世纪80年代，英国著名学者霍文次坦借鉴牛顿万有引力定律，将万有引力模型引入人文社科领域，形成了经济空间相互作用引力模型。引力模型是计算两地区间经济相互联系的重要模型之一，为地域联动发展与大城市圈建设提供了许多借鉴。其基本的计算公式为：

$$I_{ij}=GP_iP_jd_{ij}^{-r}$$

其中，I_{ij} 为 i、j 两地间的引力，G 为引力系数，P_i、P_j 分别为 i、j 地区的"质量"，d_{ij} 为 i、j 两地间的距离，r 为引力衰减系数，一般取2。

这一模型通常也用对数形式加以表达：

$$\log\left(\frac{I_{ij}}{P_iP_j}\right)=\log G-r\log d_{ij}$$

将其描绘在以 i、j 两地距离 d_{ij} 的对数为横轴的双对数坐标图上，$\log G$ 是直线的截距，$-b$ 是直线的斜率，很明显可以发现两地间的引力随距离增加而下降，即"距离衰减规律"（见图2-2）。引力模型的基本模型在测度两地区间的经济联系时，数据较易获得，计算过程较为简单，应用较为广泛，具有较强的现实意义，但由于模型考虑的因素较少，指标较为单一简单，所以现在运用引力模型时多根据实际情况进行修订。

（二）赖利模型、康弗斯模型

1929年，Reilly 经考察后提出"零售引力规律"，规律的主要内容是一个城市对 i、j 两地的商品零售额的比例，与城市人口规模成正比，与两地间距离成反比。

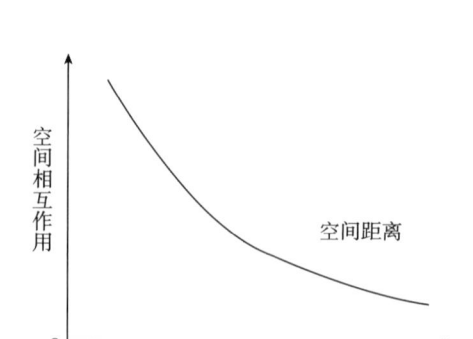

图 2-2 距离衰减规律曲线

$$\frac{T_i}{T_j} = \frac{P_i}{D_i^2} \Big/ \frac{P_j}{D_j^2}$$

其中，T_i、T_j分别为i、j城市吸引到中间城市的零售量，P_i、P_j分别为i、j两地的人口，D_i、D_j分别为i与中间城市、j与中间城市的距离。赖利模型基于众多实证研究出发，指标很明确，参数也易确定，能够有效指导商业网点的布局情况，但仍未有效解决相邻城市吸引范围的界限。

在赖利模型基础上，Converse（1949）提出断裂点模型，两个城市间的分界点（断裂点）可以计算得出，其公式为：

$$d_A = D_{AB} / (1 + \sqrt{P_B/P_A}) \text{ 或 } d_B = D_{AB} / (1 + \sqrt{P_A/P_B})$$

其中，d_A、d_B分别为断裂点到两城市的距离，D_{AB}为两城市间的直线距离，P_A、P_B分别为两城市的人口，仅仅以人口作为研究指标，存在局限性，所以当前有许多研究采用综合经济质量指数来取代原来的人口指标。若计算得出中心城市与周边若干邻近的同级城市间的断裂点，将它们用平滑的曲线连接起来就可以确定该城市的吸引范围。康弗斯模型应用广泛，且较为符合实际，常用来确定城市的空间影响范围及城市经济圈。然而仅仅给出相邻两城市的一个断裂点，在划分城市影响空间时出现多解情况参数时难以确定，此时不适合采用。

（三）重力模型、潜力模型

在研究人类空间与经济相互作用时，常常应用引力模型，在这个过程中逐渐形成了重力模型和潜力模型。重力模型的一般表达式为：

$$T_{ij} = K \frac{P_i P_j}{d_{ij}^b}$$

其中，T_{ij} 为 i、j 城市间的相互作用力，K 表示参数，P_i、P_j 为 i、j 城市的非农人口，d_{ij}^b 中的 d_{ij} 为 i、j 城市间的距离，b 为距离摩擦系数，一般取 1 到 2 之间。

潜力表示一个物体作用于另一个物体所产生的作用力，如 j 对 i 产生的作用力 A_{ij} 为 M_j/C_{ij}，其中 M_j 为 j 点的活动规模（质量），通常用本地社会经济发展指标如国民生产总值来表示，C_{ij} 为 i、j 两点间的距离或时间。当用 A_i 表示系统中 n 个空间上离散分布的物体对 i 点所产生的潜力总和时，潜力模型的一般表达式为：

$$A_i = \sum_{j=1}^{n} \frac{M_j}{C_{ij}^a}$$

其中，a 表示出行摩擦系数，通常取值为 1。潜力模型被广泛应用于比较城镇吸引力大小或城市内部的区域区位条件，也用来比较区域发展中存在的优劣势等。但运用潜力模型时，参数难以确定，所以在很多实际情况中，该模型不宜采用。

（四）威尔逊模型

威尔逊（1967）假设区域系统是由区域节点构成的节点区域，j 地区（物资供应区域）到 k 地区（物资需求区域）间存在流量为 T_{jk} 的区间流动，流强定义了 j 地区到 k 地区的相互作用，且此系统为封闭系统，没有地区外的物资及资金的流入，内部的物资和资金也没有流出。在此假定条件下，威尔逊获得了基于最大熵原理的区域空间相互作用模型：

$$T_{jk} = A_j B_k O_j D_k exp(-\beta r_{jk})$$

与传统的引力模型相比，威尔逊模型是基于最大熵原理建立的区域空间相互作用模型，该模型考虑了距离的衰减特性，其相互作用随着反映距离的变量指数衰减。$exp(-\beta r_{jk})$ 表示相互作用核，参数 β 为衰减因子，决定了区域影响力衰减速度的快慢，其值越大，衰减越快。当 $\beta = 0$ 时，说明区域影响力没有衰减。该模型虽然给出了测算地区间空间相互作用的较为明确的范式，但其使用必须在严格的假定条件下，且强调在封闭条件下研究区域相互作用，所以在实践中的运用并不多见。

（五）经济相互作用模型、经济联系隶属度

区域经济联系量用来衡量区域间经济联系的强度，或称为空间相互作用量，在测算绝对经济联系量时，经济相互作用模型是最为常用的方法，其实际上是从引力模型中引申出来的：

$$P_{ij} = K_{ij} \frac{\sqrt{P_i G_i}}{D_{ij}} \cdot \frac{\sqrt{P_j G_j}}{D_{ij}}$$

其中，P_{ij} 为 i、j 两城市间的经济联系强度（或称经济联系量），P_i、P_j 分别为 i、j 两城市的从业人员数量，G_i、G_j 为 i、j 两城市的地区生产总值，K_{ij} 为接受程度系数，一般取 1，往往根据研究的区域进行修订，D_{ij} 为 i、j 两城市间的直线距离。P_{ij} 的值越大，表明两地的经济空间相互作用越强；反之，则表明经济空间相互作用越弱。

在测定区域间经济联系时，经济联系隶属度模型较为常用，其内涵是表示两个城市间经济联系量占一个城市对外经济联系总量的大小，用来反映城市的辐射力和吸引力。

$$L_{ij} = P_{ij} / \sum_{j=1}^{n} P_{ij}$$

其中，L_{ij} 为 i 城市对 j 城市的隶属度，其值越大，说明 i 城市与 j 城市的联系在 i 城市的对外联系中的比重越大，从区域经济联系隶属度矩阵模型中可以明显地发现各个城市的对外主要联系方向。

（六）城市流模型

城市间相互作用以区域内交通、电力、通信等基础设施为支撑，表现为人流、物流、信息流、资金流、技术流等空间流的频繁、双向或多向的流动，汇聚为城市流。在此基础上，城市外向功能（集聚与辐射）产生影响，形成城市流强度。其公式为：

$$F = N \times E$$

其中，F 为城市流强度，体现城市间联系的强弱程度，N 为城市功能效益，即单位外向功能量所产生的实际影响，E 为城市外向功能量，其主要衡量标准为具有外向服务功能部门的区位商，区域内 i 城市 j 部门的区位商为：

$$LQ_{ij} = \frac{G_{ij}/G_i}{G_j/G}$$

其中，G_{ij} 为 i 地区 j 部门从业人员数量，G_i 为 i 地区从业人员总量，G_j 为全国 j 部门从业人员数量，G 为全国从业人员总量。经计算后若得出 $LQ_{ij}>1$，则 i 地区 j 部门具有外向功能，$E>0$。若 $LQ_{ij}<1$，说明该部门不存在外向功能，$E=0$。其计算公式为：

$$E_{ij} = G_{ij} - G_i \times (G_j/G)$$

i 城市外向功能总量：$E_i = \sum_{j=1}^{m} E_{ij}$

i 城市的功能效率：$N_i = GDP_i/G_i$

在此基础上，得到 i 城市的城市流强度：

$$F_i = E_i \times N_i = E_i \times (GDP_i/G_i) = GDP_i \times (E_i/G_i) = GDP_i \times K_i$$

其中，K_i 被称为城市流倾向度。作为 i 城市外向功能量占总功能量的比例，其反映出 i 城市总功能量的整体外向程度。

（七）Alonso 模型

由于"流"的生产因素非常复杂，所以运用单纯模型进行测度存在困难。为从逻辑层面上对作用流的特征和综合因子进行描述，形成了诸多新的模型等，其中最具代表性的即为 Alonso 模型，Alonso 将该模型运用到美国区域间人口迁移的研究中，并将其视为空间相互作用模型的通用框架。准确地讲，Alonso 模型包括空间相互作用模型和空间互动模型，空间相互作用模型的公式为：

$$T_{ij} = A_i B_j O_i D_j f(c_{ij})$$

其中，T_{ij} 为 i 地区流向 j 地区的"区际流（物流或客流等）"，A_i、B_j 分别为 i 地区、j 地区的系数；O_i、D_j 分别为 i 地区的输出流、j 地区的输入流，$f(c_{ij})$ 为距离函数，T_{ij} 满足下列条件：

$$\sum_j T_{ij} = O_i \qquad \sum_i T_{ij} = D_j$$

该模型从实证角度模拟空间流的定量特征，并对变化给予解释。空间互动模型基于此模型建立，在形式上更为复杂。但该模型对平衡因子两个变量缺乏清晰的解释，参数估计存在困难。

第三节 对策建议、理论意义与实践价值

一 对策建议

虽然国内外学者对产业分工的相关研究已经形成一定的成果积累，为山东半岛城市群产业分工合作演化奠定了理论基础。但已有研究还不够全面和深入，主要表现为：①关于产业分工的地域研究主要有长三角地区、京津冀地区、江苏省、浙江省等，而山东半岛城市群的相关研究较少，且多采用定性描述，或只关注几个行业，而忽视产业整体及城市间的联动发展。②对产业分工问题的研究多转变为对产业同构问题的讨论，而忽视产业分工合作的现实意义，应用效益存在一定欠缺。鉴于此，本书将从区域产业分工合作的相关研究与理论基础出发，以山东省半岛城市群为研究区域，从产业、城市、企业等层面展开研究，其中产业层面主要包括农业、制造业和服务业，重点探讨农业农村现代化、制造业空间布局、服务业经贸合作等内容。从城市层面主要考察城市之间的空间经济联系强度和产业分工合作空间联系情况。从企业层面主要探讨企业发展特征、网络布局和企业战略情况。在实证过程中，充分利用数据信息，构建计量模型，提出具有可操作性的对策建议。

第一，本书从区域产业分工合作的相关研究与理论基础出发，介绍分工、区域分工、产业、区域产业分工等相关概念，进而整理经济空间联系的相关理论、区域产业分工合作的相关理论，其中有部分理论是相互重合的，都能对其演化发展进行理论指导。进而，本书对区域产业分工和经济空间联系的国内外相关研究进行梳理，用经济空间联系角度去指导区域产业分工，有助于解析不同分工主体、不同分工阶段对山东半岛城市群产业分工和空间布局产生的影响，选择产业、城市、企业层面作为空间载体进行研究，此划分方式能够从多层次展现山东半岛城市群分工与发展情况。

第二,从产业(农业、制造业、服务业)、城市、企业的层面提出分类型、分阶段、分区域有序提高山东半岛城市群产业分工合作水平的路径,为优化山东半岛城市群产业空间布局提供咨询建议,研究成果实践性强,对实体经济发展具有直接指导意义。

第三,通过实地调研、专家访谈、问卷统计、比较分析、计量模型测度等方法对山东半岛城市群产业分工和空间布局、行业结构差异性、产业分工合作潜力、经济联系等进行分析,研究方法运用得当,有助于透彻地分析问题。

二 理论意义

第一,针对山东半岛城市群区域产业分工问题进行系统理论研究,为发展壮大区域分工集聚经济优势提供具体的学理阐释。

第二,借助区域经济学、工业经济学、社会学的学科知识交叉,根据对区域产业分工和经济空间联系的系统理论阐释和实证研究,丰富和发展"农业农村现代化""先进制造业内涵""产业经济学""制造业分工经济""经济联系"的理论内容。

三 实践价值

第一,党的二十大报告指出加快构建新发展格局,着力推动高质量发展。通过考察山东半岛城市群产业分工合作演化,将高质量发展的理念落在实处,探索培育产业高质量发展的合理路径。第二,产业发展有效塑造了区域经济格局,依据山东半岛城市群发展阶段及经济需求,制定推动产业分工合作的空间差异化策略,对整体地区的可持续、高质量发展及提高经济联系具有实践指导意义。

小 结

区域产业分工是本书研究重点,通过前述分析,此处在小结中,进一步对区域产业分工的内涵、条件、动力机制、形成机制、表现等进行探讨,也是为后文的实证分析奠定理论基础。

第一,区域产业分工是区域分工的主要物质内容。区域生产专门化是区域分工的表现形式，从单个区域来看，区域分工是指各区域专门生产某类或某几类产品，或者是某类产品中的某一部分，并且生产量高于当地对该产品的需求量，从而成为该区域生产专门化部门。而在具有相互联系关系的多区域体系中，区域分工表现为不同区域或者同一区域中的次级区域间利用区际交换形成生产专门化体系，在一定区域内，生产专门化部门和生产专门化体系进行组合，形成区域产业分工（曹阳，2008）。

第二，区域产业分工的条件是要素禀赋的差异。斯密指出不同地区间存在各类要素的禀赋差异是地域分工的主要原因，资源的空间配置对地域分工产生决定性影响，是实现分工的现实条件。自然地理环境在很大程度上影响着社会分工，除受到自然资源禀赋差异的影响外，区域产业分工形成的客观基础还有劳动力、资本、技术、交通、人文要素等的影响。

第三，区域产业分工的动力机制是追求区域效益最大化。在一定地域范围内，各类产业依据一定的规律和机制进行合理组合，形成一定的区域产业体系，其目的在于优化资源配置，获取直接或间接的各类效益。

第四，区域产业分工的形成机制在于市场调节和政府宏观调控的双重结果。市场调节不是万能的，还存在市场缺陷和市场失灵的情况。由此，需要政府给予宏观调控。自中华人民共和国成立后，我国实行了较长时间的计划经济体制，即指令性经济区域经济发展战略的制定需要政府的宏观调控、政策导向和人力、物力、财力的全方面支持（顾锋、梅琳，2009），同时需要地方政府依据自身特色和优势制订适合本区域发展的规划，以此优化资源配置，推动区域产业分工。同时通过政府的有效作为，能够有效地开展产业转移和产业承接工作，这都属于区域产业分工的重要组成部分。

第五，区域产业分工的表现是区域产业结构的差异性。区域内具有不同发展功能的产业部门之间的比例关系为区域产业结构。各个区域在不同的自然基础、市场机制、政府调控作用下，逐渐发展成为不同比例关系的产业结构，这是区域产业分工在地区的具体展现。

第三章

乡村振兴背景下山东半岛城市群农业农村现代化建设研究

第一节 研究农业农村现代化建设的理论基础和意义

农业农村现代化是增加农民收入、实现乡村振兴的重要途径。长期以来,"三农"问题都是全党工作的重中之重。党的十九大报告提出实施乡村振兴战略,总目标是农业农村现代化。党的二十大报告指出全面推进乡村振兴,坚持农业农村优先发展,巩固拓展脱贫攻坚成果,加快建设农业强国,扎实推动乡村产业、人才、文化、生态、组织振兴。山东是农业大省,曾创造了许多农村改革发展经验,形成了"诸城模式""潍坊模式""寿光模式",以及农村基层组织建设的"莱西经验"等,促进农业合作开放、加强农业农村现代化建设、激发打造乡村振兴齐鲁样板的磅礴动力历来是山东经济社会发展的重要课题。本章主要研究产业之一的农业,探讨山东半岛城市群农业分工合作的内容,其中,该部分内容基本全部在农业农村现代化进程中,所以本部分的理论基础和研究意义主要从农业农村现代化的研究成果出发进行分析探讨。

一 农业农村现代化影响因素的研究

约翰·梅勒(1990)指出城市的快速发展有助于农业农村现代化

进程。速水佑次郎等（2000）通过分析美国、日本农业农村现代化进程，指出要实现农业农村现代化，共同的因素为技术创新。

二 农业农村现代化的定量研究

自1989年联合国环境署通过《关于可持续发展的声明》后，可持续发展的理念逐渐被运用到农业农村现代化领域中。Zika（2008）、Hardeman和Jochemsen（2012）通过研究，认为可持续发展包含农业现代化的多个方面，将农业可持续发展作为农业农村现代化的重要内容。除此之外，运用指标体系、多指标综合测度法、层次分析法对农业农村现代化进行评价也是常用的方法。如李刚（2020）构建指标达标率评价方法测度青海省农业农村现代化水平，其中就蕴含农业分工的重要内容。

三 农业农村现代化发展阶段的研究

通过文献梳理，我国农业农村现代化主要分为三个阶段：①以机械化、电气化、化学化和水利化为主的农业"四化"阶段。②引入市场经济阶段。如朱玉春（2003）认为现代化的内涵是农业和高度商品化农业相统一的过程。③引入可持续发展阶段。以刘元（2020）为代表，指出农业经济展开分工合作，形成可持续发展模式有助于提升农业生产效率质量，且有助于促进生态平衡。

四 农业农村现代化发展路径的研究

国外对农业农村现代化实现路径的研究比较早，由于各国资源禀赋的差异，农业农村现代化发展路径也存在差异。约翰逊（2005）指出只有通过有效的改革措施，才能让农业赶上经济社会的发展进度。国内研究农业农村现代化发展路径的文献比较多，如刘俊显等（2021）认为通过构建现代农业生产体系、产业体系、经营体系，有助于推进农业农村现代化进程。

乡村振兴战略是解决"三农"问题的重要理论创新，通过乡村振兴战略在山东的运用，确定农业农村现代化的重点和难点，有助于丰富乡村振兴战略、农业分工合作及农业农村现代化的相关理论，为农业大省发展提供相应的理论基础。山东是农业大省，但还不算是农业强省，研究山东农业农村现代化问题，有助于准确确定山东农业农村现代化发展阶段。通过山东农业农村现代化路径的选择，为当地加快推进农业农村现代化进程提供发展思路和对策建议，有助于山东打造乡村振兴齐鲁样板。

第二节 农业产业分工合作与农业农村现代化建设中存在的问题

党的十八大以来，山东认真贯彻落实党中央的决策部署，以习近平新时代中国特色社会主义思想为指导，针对"人、地、钱"等问题制定了针对性强、务实管用的创新性政策，持续推进"三农"发展，以占全国6%的耕地和1%的淡水资源，贡献了8%的粮食产量、9%的肉类产量、12%的水果产量、13%的蔬菜产量、14%的水产品产量和19%的花生产量，农产品出口总额占全国的24%。但不可否认的是，山东半岛城市群的农业产业发展仍面临较多问题，与乡村振兴战略的总要求相比，山东农业产业发展规模经营和产业结构调整进程还比较慢，产业化水平低的问题一直是制约山东农村经济发展的重要"瓶颈"。

一 产业发展扶持政策力度不够

从产业发展扶持政策的力度来看仍存在一些不足，主要表现为：一是财政扶持资金不够，区县由于自身财力不足、投入不够，与现代农业产业所需资金相比，杯水车薪，解决不了大的促进发展的问题。二是区县财政农业担保机制还没有建立起来，财政资金"整合、撬动、激活"三篇文章未做好，引导金融和社会资本投入农业的能力严重不足。同时，省、市制定的一些农业产业优惠扶持政策对基层来说，有些门槛较高，争取产业扶持存在一定难度。三是现行政策体系不完善，导致农业企业和新型经营主体贷款难，土地流转不能抵押，自有资金有限，在很大程度上阻碍了现代农业发展进程，制约了部分区县现代休闲农业、都市农业、生态观光农业的发展。

二 基层村组织主体作用发挥不到位

产业发展的主体是农村、农民，村"两委"成员引导、组织、管理责任是否到位，决定着一个村农业产业发展的程度，在土地家庭联产承包责任制下，不少村干部产生了土地已分配到户，种植什么，挣不到钱是各户的事，放任自流了，缺失了对产业发展的组织引导，导致了各自为政，丧失了竞争力。直接的结果是农业产业效益越来越低，弃农问题更加突出，走进了恶性循环的怪圈。也有的群众自己的责任田在撂荒，产生不了收益，但对外流转时，却要价很高，远高于实际，最终的结果是无人接转、一直撂荒。这些问题在山东不少村庄都有表现，究其根源，主要是村"两委"的作用发挥不到位，对本村农业产业的组织引导服务跟不上。

三 新型经营主体带动作用不强

新型经营主体的产生，虽然流转经营了部分土地，但从运营情况来看，只是解决了土地谁来种的问题，被流转土地农民只得到了土地流转费，参与劳动就业的只是少数人，而产业发展对农民及其周边村的辐射带动作用不强，农村经济发展和带动农民致富的手段仍然单一，成效不大。目前，山东农村土地规划主要存在人多地少矛盾突出、农业比较效益低、农村劳动力转移就业量大等突出问题，土地耕作进入了瓶颈期，农村留守妇女、老人难以支撑高强度的土地劳作。由于投入较大，收益周期长，导致基层区县普遍缺乏社会化服务组织，满足不了在适宜时期内及时耕作、收获等要求，在一定程度上制约了以集约化、机械化、信息化、科技化为主要特征的现代农业发展速度。

四 农业产业分工合作层次低

山东省大部分涉农区县农业产业虽然融入了一些现代技术和装备，但总体来说，现代化程度不高，多数产品仍以本地市场销售为主，所谓加工也只是迈出了简单包装销售这一步，产业链仍然较短，深加工能力不足，农业产业分工合作层次比较低。比如，果酱、果汁加工，小麦、大米深加工等利润空间较小的产业较多，可获得高附加值的产品加工业仍然较少，生态旅游业等特色农业产业因各类服务设施不配套难以形成大气候。因此，实现农业产业分工合作，推进第一、第二、第三产业融合发展，实现农业新旧动能转换仍是山东半岛城市群农业产业发展的短板之一。

第三节　农业农村现代化建设的典型案例：潍坊农综区（农业产业分工合作示范）

作为潍坊市乡村振兴的头号工程和创新提升"三个模式"的主引擎，潍坊国家农业开放发展综合试验区（以下简称"潍坊农综区"）被定位为全国农业开放发展引领区、农业科技创新先行区、农村第一、第二、第三产业融合发展示范区。涵盖潍坊全域的农综区，分为核心区和辐射区，核心区规划面积120.9平方千米，其中，南区（寒亭区、经济区部分）111.32平方千米，北区（潍坊综合保税区北区）9.58平方千米，核心区以外的区域为辐射区。核心区主要搭建农业科技研发、集成创新和成果转化的高端平台，在科技创新驱动、产品产业结构优化、产业链价值链拓展、绿色生产方式探索、农业农村改革、贸易投资环境优化等方面先行先试。辐射区主要承接核心区先行先试成果，与核心区配套联动。

全国农业看山东。2021年，山东省农产品出口1238.4亿元，农产品出口占全国农产品出口的22.7%，连续23年居全国首位。山东农业看潍坊。潍坊蔬菜、禽肉出口总量占全国的1/8。近年来，潍坊充分发挥农业产业特色和优势，全面实施农业"引进来、走出去"战略，农业国际化水平稳步提升，全市农业龙头企业达3100家，实现年销售收入1720亿元，农产品加工转化率达68%，产品出口120多个国家和地区，形成了寿光蔬菜、安丘葱姜蒜、诸城肉鸡、昌乐肉鸭等一批特色鲜明的出口生产基地。积极对接国际标准，推进全产业链升级，共批准发布农业标准规范353项，基本涵盖了潍坊大宗农产品和特色农产品，9个主要出口食品农产品的县市区，全部获批为国家级出口食品农产品质量安全示范区。潍坊农业大力开展国际先进模式的引进示范，先后落地了中荷蔬菜技术示范园区项目、华以国际农业科技孵化器项目、国内首个"莫沙夫"项目等一批国际合作示范工程。乘着全市农业开放的东风，一大批农业企业将业务范围拓展到境外：寿光蔬菜产业集团在荷兰从事蔬菜、园艺作物的种植及种业研发；高密锦昉棉业科技有限公司在巴基斯坦、津巴布韦从事棉花种植、收购、加工纺纱等进出口贸易，并建设了产业园；雷沃重工股份有限公司是目前国内最大的农业装备制造企业，已在全球120多个国家和地区建立了营销服务网络；寿光蔬菜种业集团、山东华盛农业建立了境外种业研发基地，产品出口10多个国家。

从农业产业分工合作和推进现代化建设方面，潍坊农综区提供了以下一系列有效经验。

一 加快规范化运行进度，形成全链条服务模式

潍坊农综区充分发挥核心区国际种业聚集区载体作用，为扩大外商投资新品种选育和种子生产创造条件，依托山东匠造食品检测公司，探索建立与日本有关地区、有关企业食品农产品检验检测互认机制，为我国食品农产品贸易体制机制改革的首创。潍坊海关对出口食品生产企业实施"审批改备案"改革，利用全国首个食品农产品技术性贸易措施研究评议基地优势，促使我国生姜出口新西兰于2019年年底正式获准，长达4年之久的中新生姜准入谈判终于画上圆满句号（由于实行极为严苛的植物检疫标准，新西兰之前只允许斐济等9个国家的生姜进口）。

同时，潍坊农综区强化破解贸易壁垒能力，帮扶食品农产品顺利出口目标市场，目前已帮助企业解决输韩胡萝卜退运、澳大利亚蒜薹滞港等问题，促成韩国修改异菌脲、噻虫嗪两种农药的残留限量标准。还不断强化各领域模式创新能力，完善提升中百大厨房从田间地头到百姓餐桌的农业"新六产"模式、齐鲁农村产权交易中心"交易鉴证+抵押登记"为核心的农村产权抵押融资模式、国际院士谷"政产学研金服用"北斗七星科技创新共同体模式、现代农业产业园打造特色农业园区模式等，探索形成了一批先行先试创新成果。强化农业发展机制创新能力，不断构建新的财政管理体制、财税体制、投融资体制、干部管理体制，制度创新不断释放改革发展红利，进一步把制度优势转化为治理效能，为全国提供更多可复制可推广的经验。

二 优化发展布局，增强产业分工融合力度

潍坊将农综区作为扩大"双招双引"的主阵地，规划建设潍坊日本高端果蔬基地，依托正大集团、伊藤忠商社，将日本优质种子、技术、人才、标准引入潍坊。中日韩现代高效农业示范园已完成项目选址，致力于引进日韩先进的种子种苗、种养殖技术、装备设施及农产品食品加工企业等，打造现代农业开放合作典型样板。与中地海外集团签订战略合作协议，积极推进塞内加尔花生产业园、尼日利亚现代农业产业园等境外农业产业园建设。全面推进第一、第二、第三产业联动发展，推动生产要素跨界配置，依托网络营销、电子商务、冷链物流、体验经济等多业态发展方式，真正实现传统农业向现代农业、产品农业向商品农业、分散农业向规模农业、粗放农业向集约农业全方位转变。

如何促进农业增效、农民增收、农村繁荣，如何实现农村第一、第二、第三产业融合发展，位于农综区核心区的中百大厨房就交出了一份漂亮的答卷。中百大厨房建立了完善的追溯系统，商品从采购、验收、分拣、配送到门店，全部信息记录档案，消费者购买农产品通过扫描价签上的二维码可以追溯到商品产地、供应商、流转环节、农残检测报告等信息，真正做到了追溯数据的公开化和精细化。作为重点民生工程，中百大厨房在潍坊全域建立了70余个蔬菜基地，在全国各地建立了30余个水果基地，制定了种植、生产标准，实现了种植、生产全过程监控，减少了中间流通环节，运用企业零售方面的大数据积累分析，以销定产控制农产品种植风险，真正实现了从田间地头到终端超市的无缝衔接，有效地推动农业供给侧结构性改革进程。

三 积极招纳人才，增强农业现代化科技含量

针对我国农业对外投资竞争力尚不够强等问题，农综区相继布局了俄罗斯远东农业产业园等10余个境外产业园项目，在荷兰等地建立蔬菜研发育种基地，探索以设备、技术输出和直接投资等新模式，打造联通"一带一路"沿线国家的生鲜农产品集散大动脉。对于高端人才"不求所有，但为所用"，以"引进一名院士，带来一个团队，落地一批项目"的思路招才用才，美国科学院院士罗杰·比奇通过中美农业和食品创新中心重点打造"中美跨境种质研发中心"，中国工

程院院士管华诗通过与潍坊悦龙堂海洋科技有限公司合作,建设山东(潍坊)海参全产业链研发中心项目,多个成果转化平台和一流的营商环境为农综区建设提供人才和科技支撑。

为破解农业科技含量不高的问题,农综区建立22家农业"院士"工作站,建设良种良法、设施蔬菜等30个省级技术工程研究中心,实现国产蔬菜品种占有率达80%以上,全域农业科技进步贡献率达到65%——以开放引领科技创新,农综区为农业发展插上科技的翅膀。致力于开展现代农业领域原创性基础研究和应用开发研究的北京大学现代农业研究院,已进入常态化科研阶段。依托山东寿光蔬菜产业控股集团建设的粤港澳大湾区"菜篮子"产品潍坊配送中心,于2019年12月14日揭牌运营,正在全面推动潍坊乃至山东全省蔬菜产业转型升级和开放发展。全国蔬菜质量标准中心集成2299条蔬菜产业链相关标准,启动112项标准研制,日光温室番茄、黄瓜2项全产业链行业标准填补国内空白。

四 加强宣传推介,打造产业融合典范

潍坊农综区通过召开新闻发布会、开展区徽全球征集活动、参加国内外各类经贸洽谈会等形式,不断扩大农综区的社会影响力。农业农村部和山东省委、省政府领导在出访考察、会议论坛等活动中多次专场推介农综区,英国、荷兰、以色列等外国驻华使节、"一带一路"国家双向投资促进会成员等先后到潍坊专题考察。比如,2022年5月18日,在农综区总部基地举行潍坊国家农综区、中地海外集团共建尼日利亚、塞内加尔海外产业园区发布推介暨农综区食品农产品跨境服务统采平台供需对接交流会,通过打造国际性交流平台,向世界讲好潍坊故事、讲好农综区故事,为提升我国农业在全球的影响力和竞争力贡献潍坊力量。

作为山东省省级田园综合体试点建设项目、山东省乡村振兴重大项目库项目的东篱田园综合体在2019年山东省田园综合体建设中期评估中排名全省第1位,是促进农村第一、第二、第三产业融合的典范。该项目以农综区内的"全国文明村"前阙庄村为中心,重点打造"六区两带一中心"。其中,设施农业生产区与山东农主集团合作,创新开发"云上农业"平台,将虚拟游戏与实体农业有机结合,开创了"互联网+农业+游戏"的新模式。规划建设番茄大世界,致力于打造以种苗培育、成果转化、智慧展示、农科培训、产品配送和电商销售为发展方向的现代农业综合服务平台,年产值可达3000万元,辐射带动周边村庄、农民实现稳步增收。

小 结

本章主要从农业农村现代化角度展开,选择研究山东半岛城市群农业产业发展情况,总结提炼山东半岛城市群农业农村现代化建设的问题,并选择在农业产业分工合作和农业农村现代化建设方面非常典型的示范案例——潍坊农综区作为例子,探讨其做法与成功经验,能够为其他地区推进农业产业分工合作和农业农村现代化建设提供借鉴思考。再回到潍坊农业本身,我们也能够继续提炼出一些好的做法与思路。

潍坊历来是我国农业改革的"急先锋"。习近平总书记指出,改革开放以来,山东创造了不少农村改革发展经验,贸工农一体化、农业产业化经营就出自诸城、潍坊,形成了"诸城模式""潍坊模式""寿光模式"。农综区的全面起势就是"三个模式"的典型代表和重要缩影,乘着当前高水平对外开放的东风,依靠农业自身及体制机制创新,实现了产业的迭代更新,完成了现代化的跨越发展,很多工作思路和方法举措给人启迪和借鉴。

在重规划、优布局上精准发力,把总体发展观念贯穿始终。农综区充分发挥开放创新综合试验的制度创新牵引作用,切实解决思想观念滞后、体制机制束缚、工作作风不实的问题,保证规划布局的系统性、整体性、协同性,按照"可看、可复制、可推广"的目标要求,在农业经营方式、组织方式、生产方式上积极探索,把核心区建设作为突破点,研究确定核心区"3+9+N"产业布局,进一步扩大农综区开放发展空间,打造若干个美丽乡村示范点,为农业生产集约化经营创造了良好条件。实践证明,只有在建设之初全面考虑、科学设计、制定好"施工图",才能事半功倍、扬长避短,取得创新发展试点的成果最大化。

在走新路、求突破上精准发力,把敢闯敢试观念贯穿始终。农综区建设准确聚焦制约发展的痛点、堵点、难点,刀刃向内、自我革新,推动政府职能转变,扩大有效供给,在人才引进、涉农资金、产业园区建设等扶持政策方面做"加法",在审批事项、权责清单、制度约束等刚性管理方面做"减法",目前积极筹建的农综区政务服务中心承接下放的市级经济管理权限,助力农综区开放发展,形成政府、企业、社会良性互动。实践证明,作为开放发展的"试验田",不试验、不创新、不突破就不可能创造出经验和模式,要进一步让"法无禁止即可为"的观念优化深入,让"市场起决定性作用"的要求迸发动力。

在引进来、走出去上精准发力,把开放发展观念贯穿始终。农综区作为深化农业开放、扩大"双招双引"、稳定有效投资的主阵地,不断加强与日本、韩国、以色列、荷兰等农业发达国家的合作,突出抓好中日现代农业"双园区"建设,引进国外先进农业技术、模式进行推广,同时推动潍坊优质果蔬产品开拓海外市场,不断提升农综区的知晓度和影响力,引领带动潍坊全域经济社会高质量发展。实践证明,必须坚持全球视野、开放包容,为企业"引进来、走出去"发展提供强有力的政策保障,全面提升品牌、技术、服务的综合竞争优势,才能在农业发展国际化、产业化、技术化大潮中占得先机。

在重点抓、抓重点上精准发力,把特色发展观念贯穿始终。农综区始终将"引领全国农业发展潮流"作为工作目标,没有"先天优势"的寿光专注"一棵菜",以蔬菜产业化引领农业与非农产业协调发展,成为全国行业标准的制定者和引领者。诸城立足农业产业化和农村社区化两大优势,推动形成工农互促、城乡互补、产城融合、共融共生的新型工农城乡关系。实践证明,明晰发展路径,不断丰富发展内涵,聚力农业产业化提档升级,让农业产业化这一分试验田精耕细作成为"全环节升级、全链条升值"的全域高端品牌矩阵,为农综区建设推进提供先天优势和全方位支撑。

第四章

制造业强省背景下山东半岛城市群制造业分工合作演化的时空特征：宏观层面

在产业发展中，制造业的作用毋庸置疑，制造业是国民经济的主体，是立国之本、兴国之器、强国之基，但在全球产业链分工中，山东半岛城市群制造业整体上仍处在中低端位置。相比传统制造业，先进制造业技术先进，产品附加值高，经济效益好。要建设制造强省，必须紧扣先进制造业高质量发展要求，提高先进制造业分工水平，形成分工集聚经济，实现速度向质量的转变。因为前述也提到山东省和山东半岛城市群的关系，在讨论制造业时，更多的数据是从省级层面出发，所以本章多不再对山东省和山东半岛城市群进行明确区分，两者指代的行政区划范围一致。

第一节 山东半岛城市群制造业分工合作的时间特征

一 制造业发展演化

自2011年开始，山东省规模以上工业企业划分标准由年主营业务收入500万元及以上提高到2000万元及以上，且自2011年起，除石油、煤炭及其他燃料加工业在2011年、2014年名称为石油加工、炼焦和核燃料加工业外，其余制造业分行业名称保持一致，介于数据的可获取性，所以选择以 2011 年为起始年，3 年一个阶段，研究 2011 年、2014 年、2017 年制造业发展演化情况（见表 4-1）。

表 4-1　　2011—2017 年山东省规模以上制造业分行业工业总产值及比例

制造业分行业	2011 年	比例（%）	2017 年	比例（%）	2011—2017 年比例变化（%）
农副食品加工业 C13	84704505	9.449	116233437	9.016	-0.433
食品制造业 C14	20481017	2.285	27872375	2.162	-0.123
酒、饮料和精制茶制造业 C15	10166281	1.134	12289650	0.953	-0.181
烟草制品业 C16	2745350	0.306	3002655	0.233	-0.073
纺织业 C17	63119224	7.041	78915196	6.121	-0.92
纺织服装、服饰业 C18	17187392	1.917	25762383	1.998	0.081
皮革、毛皮、羽毛及其制品和制鞋业 C19	8291536	0.925	7040054	0.546	-0.379
木材加工和木、竹、藤、棕、草制品业 C20	13156812	1.468	25053215	1.943	0.475
家具制造业 C21	5945110	0.663	8688329	0.674	0.011
造纸和纸制品业 C22	21452186	2.393	24045112	1.865	-0.528
印刷和记录媒介复制业 C23	3749277	0.418	10366139	0.804	0.386
文教、工美、体育和娱乐用品制造业 C24	11654611	1.300	24879596	1.930	0.63
石油、煤炭及其他燃料加工业 C25	55435387	6.184	101070833	7.840	1.656
化学原料和化学制品制造业 C26	100996386	11.266	147207776	11.419	0.153
医药制造业 C27	20054603	2.237	44255577	3.433	1.196
化学纤维制造业 C28	2045064	0.228	3089544	0.240	0.012
橡胶和塑料制品业 C29	38426175	4.286	56025849	4.346	0.06
非金属矿物制品业 C30	54240485	6.051	69138203	5.363	-0.688
黑色金属冶炼和压延加工业 C31	54695053	6.101	51975985	4.032	-2.069

续表

制造业分行业	2011年	比例（%）	2017年	比例（%）	2011—2017年比例变化（%）
有色金属冶炼和压延加工业 C32	39120822	4.364	66592819	5.166	0.802
金属制品业 C33	37374491	4.169	51077871	3.962	-0.207
通用设备制造业 C34	52094374	5.811	74285858	5.762	-0.049
专用设备制造业 C35	36418238	4.063	52994527	4.111	0.048
汽车制造业 C36	40869118	4.559	67963147	5.272	0.713
铁路、船舶、航空航天和其他运输 C37	13920377	1.553	17497265	1.357	-0.196
电气机械和器材制造业 C38	44813206	4.999	55013826	4.267	-0.732
计算机、通信和其他电子设备制造业 C39	36934924	4.120	55212091	4.283	0.163
仪器仪表制造业 C40	4325490	0.483	8973299	0.696	0.213
其他制造业 C41	1032963	0.115	1069745	0.083	-0.032
废弃资源综合利用业 C42	576753	0.065	1136820	0.088	0.023
金属制品、机械和设备修理业 C43	420550	0.047	447788	0.035	-0.012

注：行业后的C+数字是根据《2017年国民经济行业分类（GB/T 4754-2017）》所列。

资料来源：根据2012—2018年《山东统计年鉴》整理而得，制造业及工业总产值按当年价格计算。

2011年，山东省工业总产值为99504.98亿元，2017年，该数值为137440.74亿元，增长了37935.76亿元。2011—2017年，山东省规模以上制造业工业总产值不断上升，从896447360万元上升至1289176964万元，增长了392729604万元，在工业总产值的比重由90.1%升至93.8%，在工业中的重要性进一步增强。2011年，山东省规模以上工业企业数量、规模以上制造业企业数量依次为35813个、34354个，2017年规模以上工业企业数量、规模以上制造业企业数量依次为38147个、36828个，分别增加了2334个、2474个。2011年，规模以上制造业企业数量在规模以上工业企业数量中占比为95.9%，2017年该比例变为96.5%，上升幅度虽然不足1.0%，但反映出制造业实力的进一步增强。2011年,山东省规模以上工业企业全部从业人员年平均人数、规模以上制造业企业全部从业人员年平均人数依次为7597707人、8597697人,规模以上制造业企业全部从业人员年平均人数占规模以上工业企业全部从业人员年平均人数的88.4%。2017年,山东省规模以上工业企业全部从业人员年平均人数、规模以上制造业企业全部从业人员年平均人数依次为7286028人、8111793人,规模以上制造业企业全部从业人员年平均人数占规模以上工业企业全部从业人员年平均人数的89.8%,相比2011年,该比例提高了1.4个百分点。通过这些数字的变化,能够说明制造业的快速发展有助于推动工业发展,制造业的规模扩张有助于工业的规模扩张,进而促进第二产业的发展。

根据制造业分行业产值在制造业总产值中所占的比例可知,2011年,产值所占比例超过5%的行业主要有农副食品加工业(9.449%),纺织业(7.041%),石油、煤炭及其他燃料加工业(6.184%),化学原料和化学制品制造业(11.266%),非金属矿物制品业(6.051%),黑色金属冶炼和压延加工业(6.101%),通用设备制造业(5.811%),合计7个行业,其中,化学原料和化学制品制造业产值比例最高,达到了11.266%。到2017年时,制造业分行业产值比例发生一定变化,其中,纺织服装、服饰业,木材加工和木、竹、藤、棕、草制品业,家具制造业,仪器仪表制造业,废弃资源综合利用业等16个行业产值比例提高,提高幅度最大的是石油、煤炭及其他燃料加工业,提高了1.656%,提高幅度最小的是家具制造业,仅提高了0.011%。农副食品加工业,食品制造业,酒、饮料和精制茶制造业,其他制造业,金属制品、机械和设备修理业等15个行业产值比例降低,降低幅度最大的是黑色金属冶炼和压延加工业,降低了2.069%,降低幅度最小的是金属制品、机械和设备修理业,降低了0.012%。2017年,产值所占比例超过5%的行业主要有农副食品加工业(9.061%),纺织业(6.121%),石油、煤炭及其他燃料加工业(7.840%),化学原料和化学制品制造业(11.419%),非金属矿物制品业(5.363%),有色金属冶炼和压延加工业(5.166%),通用设备制造业（5.762%），汽车制造业（5.272%），合计8个行业。相比2011年，2017年制造业分行业产值比例超过5%的行业增加了有色金属冶炼和压延加工业、汽车制造业，减少了黑色金属冶炼和压延加工业，反映出制造业优势行业的发展演化情况。

二 根据要素密集度考察制造业结构演变

制造业在整体迅速发展的同时，内部行业在时间和机构序列上出现的发展演变特征可以反映产业发展态势和区域分工情况。根据各产业所投入的、占主要地位的资源的差异为标准，即按照劳动力、资本和技术三种生产要素在各产业中的相对密集度，可以将产业划分为劳动密集型产业、资本密集型产业、技术密集型产业三类（见表4-2）。

表4-2　　　　　　　不同要素密集型制造业涵盖范围

产业类别	涵盖的制造业行业
劳动密集型产业	农副食品加工业C13；食品制造业C14；酒、饮料和精制茶制造业C15；烟草制品业C16；纺织业C17；纺织服装、服饰业C18；皮革、毛皮、羽毛及其制品和制鞋业C19；木材加工和木、竹、藤、棕、草制品业C20；家具制造业C21；造纸和纸制品业C22；印刷和记录媒介复制业C23；文教、工美、体育和娱乐用品制造业C24；其他制造业C41；废弃资源综合利用业C42
资本密集型产业	石油、煤炭及其他燃料加工业C25；化学原料和化学制品制造业C26；化学纤维制造业C28；橡胶和塑料制品业C29；非金属矿物制品业C30；黑色金属冶炼和压延加工业C31；有色金属冶炼和压延加工业C32；金属制品业C33；金属制品、机械和设备修理业C43
技术密集型产业	医药制造业C27；通用设备制造业C34；专用设备制造业C35；汽车制造业C36；铁路、船舶、航空航天和其他运输C37；电气机械和器材制造业C38；计算机、通信和其他电子设备制造业C39；仪器仪表制造业C40

目前在山东省制造业中，占主体地位的是资本密集型产业，2011年，其在总体制造业产值中所占比重为42.697%，2017年，该数值为42.401%。2011—2017年，资本密集型产业在总体制造业中所占比重始终超过40%，但总体呈下降趋势。其次是劳动密集型产业，2011年、2017年在总体制造业中所占比重分别为29.479%、28.418%，下降约1%。技术密集型产业所占比重最低，但与劳动密集型产业比重比较接近，2011年，在总体制造业中的比例为

27.824%，2017年，该比例为29.181%，相比劳动密集型产业、资本密集型产业，技术密集型产业主要呈上升趋势，且上升幅度较大（见图4-1）。整体上，山东省不同要素密集型制造业产值变化幅度较小，说明山东省制造业发展保持了较强的稳定性。

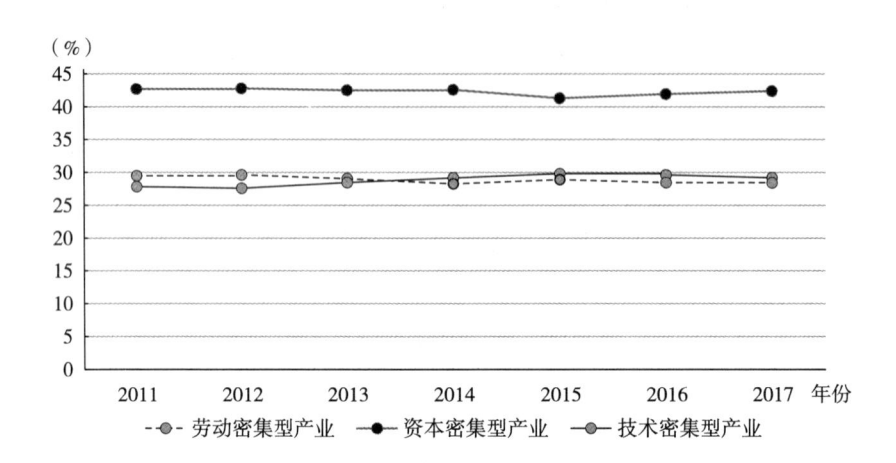

图4-1　2011—2017年山东省不同要素密集型制造业产值变化情况

从具体制造业行业看，2011年，山东省规模以上制造业工业企业生产总值排名前10位的行业里，资本密集型产业占了5个席位，分别为石油、煤炭及其他燃料加工业，化学原料和化学制品制造业，非金属矿物制品业，黑色金属冶炼和压延加工业，有色金属冶炼和压延加工业。劳动密集型产业有2个，分别为农副食品加工业、纺织业。技术密集型产业有3个，分别为通用设备制造业、汽车制造业、电气机械和器材制造业。2017年，规模以上制造业工业企业生产总值排名前10位的行业里，资本密集型产业有5个，数量和2011年保持一致，分别是石油、煤炭及其他燃料加工业，化学原料和化学制品制造业，橡胶和塑料制品业，非金属矿物制品业，有色金属冶炼和压延加工业，增加了橡胶和塑料制品业，减少了黑色金属冶炼和压延加工业。劳动密集型产业中农副食品加工业；纺织业进入前十名，和2011年情况一样。技术密集型产业进入前十名的制造业数量为3，和2011

第四章 制造业强省背景下山东半岛城市群制造业分工合作演化的时空特征：宏观层面

年没有差别，但具体行业出现差异，分别是通用设备制造业；汽车制造业；计算机、通信和其他电子设备制造业，比2011年增加了计算机、通信和其他电子设备制造业，减少了电气机械和器材制造业，反映出技术层面对"互联网+"、大数据技术的应用增多的趋势。根据不同制造业产值在规模以上制造业总产值中所占的比重来看，经计算发现，2011—2016年，排名前三位的行业始终为化学原料和化学制品制造业，农副食品加工业，纺织业。2017年，排名前三位的行业为化学原料和化学制品制造业，农副食品加工业，石油、煤炭及其他燃料加工业，2011—2017年，排名第4位的行业集中在非金属矿物制品业；通用设备制造业等行业，说明以上行业是山东省制造业的传统支柱产业（见表4-3）。

表4-3　2011年、2017年生产总值占制造业生产总值前十名的行业及比重

2011年	比重（%）	2017年	比重（%）
化学原料和化学制品制造业C26	11.266	化学原料和化学制品制造业C26	11.419
农副食品加工业C13	9.449	农副食品加工业C13	9.016
纺织业C17	7.041	石油、煤炭及其他燃料加工业C25	7.840
石油、煤炭及其他燃料加工业C25	6.184	纺织业C17	6.121
黑色金属冶炼和压延加工业C31	6.101	通用设备制造业C34	5.762
非金属矿物制品业C30	6.051	非金属矿物制品业C30	5.363
通用设备制造业C34	5.811	汽车制造业C36	5.272
电气机械和器材制造业C38	4.999	有色金属冶炼和压延加工业C32	5.166
汽车制造业C36	4.559	橡胶和塑料制品业C29	4.346
有色金属冶炼和压延加工业C32	4.364	计算机、通信和其他电子设备制造业C39	4.283

2011—2017年，在31个制造业行业中，有16个行业的产值比例提高，15个行业的产值比例降低。在提高的16个行业中，有6个行业来自劳动密集型产业，5个行业来自资本密集型产业，5个行业来

自技术密集型产业。在降低的 15 个行业中，有 8 个行业来自劳动密集型产业，4 个行业来自资本密集型产业，3 个行业来自技术密集型产业。其中，产值比例提高幅度排在前 5 位的行业有石油、煤炭及其他燃料加工业（+1.656%），医药制造业（+1.196%），黑色金属冶炼和压延加工业（+0.802%），汽车制造业（+0.713%），文教、工美、体育和娱乐用品制造业（+0.630%）。产值比例降低幅度排在前 5 位的行业有黑色金属冶炼和压延加工业（-2.070%），纺织业（-0.920%），电气机械和器材制造业（-0.732%），非金属矿物制品业（-0.688%），造纸和纸制品业（-0.528%）。

在劳动密集型产业中，产值比例下降幅度最大的是纺织业，从 7.041% 降至 6.121%；第二是造纸和纸制品业，从 2.393% 降至 1.865%；第三是农副食品加工业，从 9.449% 降至 9.016%。除此之外，食品制造业，酒、饮料和精制茶制造业，烟草制品业，皮革、毛皮、羽毛及其制品和制鞋业，其他制造业产值比例略有下降。产值比例上升幅度最大的文教、工美、体育和娱乐用品制造业，从 1.30% 升至 1.93%；第二是木材加工和木、竹、藤、棕、草制品业，从 1.468% 升至 1.943%；第三是印刷和记录媒介复制业，从 0.418% 升至 0.804%。除此之外，纺织服装、服饰业，家具制造业，废弃资源综合利用业等行业产值比例略有提高。整体上，相比 2011 年，2017 年山东省劳动密集型产业产值比例降低 1.061%，大部分劳动密集型产业产值比例呈下降趋势，主要在于山东省作为我国东部沿海地区，已经出现了劳动密集型产业向内陆地区转移的现象，由此可见，未来山东省劳动密集型产业转移力度会逐渐加大，产值比例会进一步降低。

在资本密集型产业中，产值比例下降幅度最大的是黑色金属冶炼和压延加工业，从 6.101% 降至 4.032%；第二是非金属矿物制品业，从 6.051% 降至 5.363%；第三是金属制品业，从 4.169% 降至 3.962%。除此之外，仅有金属制品、机械和设备修理业略有下降。产值比例上升幅度最大的是石油、煤炭及其他燃料加工业，从 6.184% 升至 7.840%；第二是有色金属冶炼和压延加工业，从

4.364%升至5.166%；第三是化学原料和化学制品制造业，从11.266%升至11.419%，除此之外，还有化学纤维制造业，橡胶和塑料制品业略有上升。整体上，相比2011年，2017年山东省资本密集型产业有升有降，比较均衡，总体产值比例降低0.296%，变化幅度较小，说明资本密集型产业始终是山东省的优势行业所在，稳定性比较强。

在技术密集型产业中，产值比例下降幅度最大的是电气机械和器材制造业，从4.999%降至4.267%；第二是铁路、船舶、航空航天和其他运输，从1.553%降至1.357%；第三是通用设备制造业，从5.811%降至5.762%，除此之外，没有下降的行业。产值比例上升幅度最大的是医药制造业，从2.237%升至3.433%；第二是汽车制造业，从4.559%升至5.272%；第三是仪器仪表制造业，从0.483%升至0.696%，除此之外，专用设备制造业，计算机、通信和其他电子设备制造业略有提升。整体上，相比2011年，2017年山东省技术密集型产业中更多的行业呈上升趋势，总体产值比例提高1.367%。技术密集型产业产值增加比较显著，说明山东省对技术的重视程度越来越高，制造业中的技术含量也得到了显著提升，在未来，技术密集型产业有着更大、更广阔的发展空间。

综上所述，山东省以化学原料和化学制品制造业；石油、煤炭及其他燃料加工业，非金属矿物制品业，有色金属冶炼和压延加工业，橡胶和塑料制品业为代表的资本密集型产业发展基础较好、实力较雄厚，是山东制造业发展的主体行业。以医药制造业，汽车制造业，仪器仪表制造业，专用设备制造业，计算机、通信和其他电子设备制造业为代表的技术密集型产业发展迅速，反映出地区经济发展中的技术集约化趋势。但是，也要清醒地认识到，目前在技术密集型产业中，山东省承担的不少职能中的技术含量依然不高，比如计算机、通信和其他电子设备制造业中的加工组装环节。

三　从轻重工业分类考察制造业结构演变

根据使用原料的差异，可将制造业划分为轻工业制造业和重工业制造业两类，轻工业制造业主要包含两类：一类是以农产品为原料的轻工业,另一类是以非农产品为原料的轻工业;重工业主要指为国民经济各部门提供物质技术基础的主要生产资料的工业,主要包含采掘工业、原材料工业和加工工业。轻重工业总产值的划分依据"工厂法"计算,在正常情况下,当一个工业企业制造业的主要产品其性质属于重工业,那么该企业全部总产值作为重工业产值;反之,则作为轻工业产值。

在分析制造业行业结构动态演变特征和制造业发展态势时,黄智聪等(2002)设计的C-H指数是有效的度量工具,其通过资本品产业总产值(重工业生产总值)与消费品产业总产值(轻工业生产总值)的比例,来衡量一个国家或地区工业结构特征(黄智聪、潘俊男,2002)。C-H指数蕴含分工的思想,杨格(Young,1928)认为分工演进是一个迂回生产链拉长、中间产品种类数量增加的过程,反映了生产资料工业净产值相对于最终的消费资料工业净产值的增长,从本质上能够体现区域分工演进的进度(宁越敏、石崧,2011)。经计算,若C-H值越高且逐年增加,说明该地区产业结构中,重工业占主要地位且愈加向重工业靠拢;反之则轻工业占主要地位且愈加向轻工业靠拢。其计算公式如下:

$$C\text{-}H\text{指数} = \frac{\text{重工业总产值}}{\text{轻工业总产值}}$$

1980年,山东省重工业产值为156.51亿元,轻工业产值为183.81亿元,在工业总产值中所占比例依次为45.99%、54.01%。1990年,重工业发展较为迅速,占比为49.17%,接近一半。到1995年时,重工业产值实现反超,产值为4502.76亿元,轻工业产值为4403.84亿元,重工业产值比例超过一半。到2005年时,两者差距拉大,此时重工业产值比例为62.91%,轻工业产值比例为37.09%。2010年,重工业产值为56689.62亿元,轻工业产值为27161.78亿元,重工业产值比例为67.61%,轻工业产值比例为32.39%,随后直到2017年,基本保持类似的比例情况(见图4-2)。由此可见,1980—2017年,山东省制造业结构中,除2015—2017年重工业制造业产值略有下降外,整体呈稳步上升的趋势,说明重工业制造业是推动山东国民经济发展的主要力量。

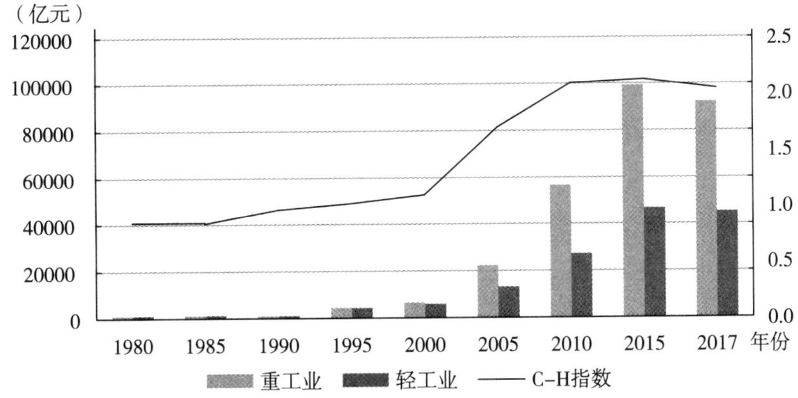

图 4-2 山东省 1980—2017 年重工业、轻工业产值及 C-H 指数

根据 C-H 指数变化情况，1980—1990 年，C-H 指数由 0.851 升至 0.967，没有超过 1，说明期间山东工业结构中轻工业占优势。1995 年，C-H 指数为 1.022，虽然超过 1 的数额不大，但反映出 1995 年是工业发展中的重要转折点，自此，C-H 指数持续攀升，2010 年达到 2.087，说明重工业产值是轻工业产值的 2.087 倍，2015 年 C-H 指数为 2.121，达到考察期内的峰值，2017 年该指数有所降低，但仍超过 2，重工业的优势依然明显（见图 4-3）。C-H 指数的提高说明山东省重工业的发展，但并不能简单地将 C-H 指数的提高认为重工业化时代的到来，因为自 2017 年该比值有所下降，这其中蕴含着新型工业化的内涵，尤其在当前，制造业的发展受到大数据、互联网、科学技术的影响程度越来越大，整个社会对制造业内在结构的调整充满期待和更多要求，加上经济全球化热潮的催动和供给侧结构性改革的持续推进，中国愈加向国际市场靠拢，下游的市场变化都对上游产品供应产生深刻的影响，在这个过程中，重工业制造业得到持续推进。

（个）

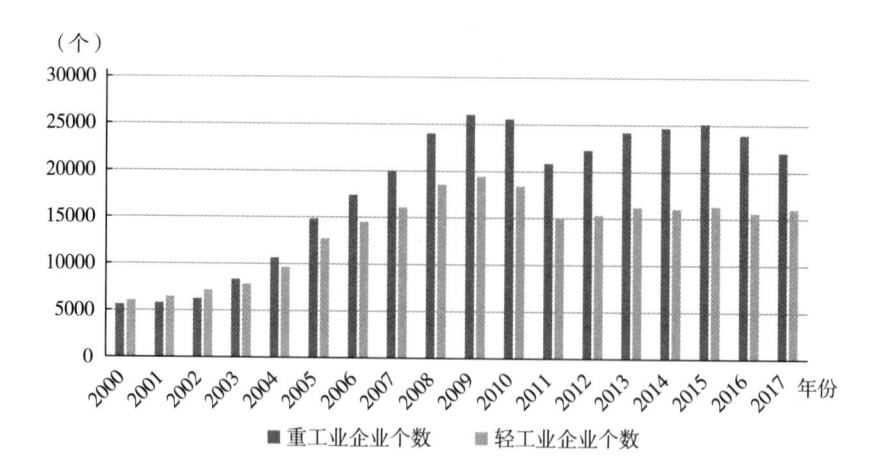

图4-3 山东省2000—2017年重工业、轻工业规模以上制造业企业个数

除C-H指数外，在反映制造业内部产业结构发展变化趋势中，制造业的企业个数和劳动力数量的结构变化也是重要指标。2000—2017年，在规模以上工业制造业中，轻工业制造业企业个数从6063个增加至16042个，在制造业企业总个数中由占比51.91%降至42.05%。重工业制造业企业个数从5616个增加至22105个，在制造业企业总个数中由占比48.08%升至57.95%（见图4-3）。从全部从业人员数量来看，2000—2017年，在规模以上工业制造业中，轻工业制造业从业人员数量从2457013人增加至3510347人，在制造业企业从业人员总量中由占比47.04%降至39.34%。重工业制造业从业人员数量从2766639人增加至5412119人，在制造业企业从业人员总量中由占比52.96%升至60.66%。

第二节 山东半岛城市群制造业分工合作的空间特征

一 产业专业化分工合作强度

本节使用区位熵公式测度各城市的制造业专业化分工强度，在第一章主要测度方法中已经对区位熵公式进行了介绍,相比之下,此处计算公式里各字母表达的内涵,出现一定调整。

$$LQ_{ij} = \frac{X_{ij} / \sum_{j=1}^{m} X_{ij}}{\sum_{i=1}^{n} X_{ij} / \sum_{i=1}^{n} \sum_{j=1}^{m} X_{ij}} \tag{4.1}$$

式(4.1)中,X_{ij}为各城市j产业的制造业从业人员,分子为各城市j产业从业人员数量在所在城市制造业从业人员总量中的比重,分母为山东省j产业从业人员数量在山东省制造业总产值中的比重。若$LQ_{ij}>1$,则该城市该行业在全省有明显优势;反之,则不具备优势地位。

二 数据来源与说明

根据数据展示的一致性,本节数据主要来源于《山东统计年鉴》、山东省所辖地级及以上城市的统计年鉴,选择行业从业人员数量计算。由于部分城市未列举烟草制品业;皮革、毛皮、羽毛及其制品和制鞋业,其他制造业,废弃资源综合利用业,金属制品、机械和设备修理业,所以统计分析时排除这5个行业,最终统计分析的为26个行业。滨州2017年酒、饮料和精制茶制造业的数据与历年数据差异较大,为确保统计准确性,使用2016年数据替代该数值,且莱芜的相关数据缺失较多,所以在统计中未考虑莱芜。

三 实证结果

通过计算各城市制造业行业具体专业化强度值后,能够清晰地观察哪些城市哪些行业具备优势,哪些城市哪些行业处于劣势(见表4-4)。考察专业化强度超过1的行业能够发现,济南的仪器仪表制造业(C40)的专业化强度为2.93,在本市排第1位,而非金属矿物制品业(C30)的专业化强度为1.06,在本市排第13位;青岛的铁路、船舶、航空航天和其他运输(C37)的专业化强度为4.54,在本市排第1位,而通用设备制造业(C34)的专业化强度为1.01,在全市排第12位;烟台的有色金属冶炼和压延加工业(C32)的专业化强度为3.48,在全市排第1位,金属制品业(C33)的专业化强度为1.06,在全市排第10位。由此能够说明,在济南,仪器仪表制造业的专业化优势强于非金属矿物制品业；在青岛，铁路、船舶、航空航天和其他运输的专业化优势强于通用设备制造业；在烟台，有色金属冶炼和压延加工业的专业化优势强于金属制品业。其他城市的制造业优势度排序依次可以得出，除前述的济南、青岛、烟台外，淄博最具优势的行业是化学原料和化学制品制造业（C26），专业化强度为2.64；枣庄最具优势的行业是非金属矿物制品业（C30），专业化强度为2.08；东营最具优势的行业是石油、煤炭及其他燃料加工业（C25），专业化强度为7.02；潍坊最具优势的行业是化学纤维制造业（C28），专业化强度为3.77；济宁最具优势的行业是纺织服装、服饰业（C18），专业化强度为3.13；泰安最具优势的行业是化学纤维制造业（C38），专业化强度为2.05；威海最具优势的行业是医药制造业（C27），专业化强度为2.44；日照最具优势的行业是黑色金属冶炼和压延加工业（C31），专业化强度为4.85；临沂最具优势的行业是木材加工和木、竹、藤、棕、草制品业（C20），专业化强度为5.01；德州最具优势的行业是家具制造业（C21），专业化强度为2.08；聊城最具优势的行业是纺织业（C17），专业化强度为2.66；滨州最具优势的行业是黑色金属冶炼和压延加工业（C31），专业化强度为9.84；菏泽最具优势的行业是木材加工和木、竹、藤、棕、草制品业（C20），专业化强度为4.02。由此能够发现，16个地级及以上城市中有一半城市的最优势行业出现交叉，其余一半城市的最优势行业没有出现交叉，出现交叉的为青岛、枣庄，均将非金属矿物制品业作为最优势行业；潍坊、泰安均将化学纤维制造业作为最优势行业；日照、滨州均将黑色金属冶炼和压延加工业作为最优势行业；临沂、菏泽均将木材加工和木、竹、藤、棕、草制品业作为最优势行业。

表4-4　2017年山东省各城市专业化强度超过1的行业汇总情况

城市	专业化强度超过1的行业
济南 （13个）（1.74）	C14（1.47）、C15（2.06）、C23（1.41）、C27（1.61）、C30（1.06）、C33（1.92）、C34（1.70）、C35（1.09）、C36（2.44）、C37（1.63）、C38（1.24）、C39（2.10）、C40（2.93）

续表

城市	专业化强度超过1的行业
青岛 （12个）（1.75）	C18（1.83）、C21（1.47）、C23（1.46）、C24（1.78）、C29（1.25）、C33（1.44）、C34（1.01）、C36（1.25）、C37（4.54）、C38（1.95）、C39（1.61）、C40（1.44）
淄博 （7个）（1.93）	C17（1.15）、C22（1.37）、C25（2.61）、C26（2.64）、C27（1.86）、C30（2.55）、C35（1.30）
枣庄 （11个）（1.44）	C15（1.66）、C18（2.01）、C22（1.98）、C23（1.03）、C24（1.64）、C26（1.03）、C29（1.12）、C30（2.08）、C34（1.11）、C35（1.08）、C40（1.06）
东营 （6个）（3.09）	C22（1.33）、C25（7.02）、C26（2.29）、C29（5.10）、C33（1.23）、C35（1.57）
烟台 （10个）（1.82）	C13（1.60）、C15（1.14）、C28（1.51）、C32（3.48）、C33（1.06）、C34（1.01）、C35（1.11）、C36（2.03）、C39（2.88）、C40（2.35）
潍坊 （13个）（1.42）	C13（1.05）、C14（1.03）、C17（1.81）、C21（1.04）、C22（1.16）、C25（1.02）、C26（1.31）、C28（3.77）、C31（1.14）、C33（1.02）、C34（1.22）、C35（1.51）、C39（1.39）
济宁 （8个）（1.65）	C14（1.40）、C15（1.27）、C18（3.13）、C22（2.40）、C27（1.35）、C30（1.25）、C34（1.15）、C35（1.22）
泰安 （10个）（1.43）	C17（1.44）、C18（1.50）、C26（1.04）、C30（1.55）、C31（1.06）、C34（1.28）、C35（1.48）、C36（1.20）、C38（2.05）、C40（1.68）
威海 （8个）（1.79）	C13（1.95）、C23（1.17）、C24（1.98）、C27（2.44）、C29（1.16）、C37（1.74）、C38（1.79）、C39（2.12）
日照 （7个）（2.11）	C13（1.80）、C15（1.74）、C22（1.23）、C23（1.11）、C30（1.19）、C31（4.85）、C36（2.88）
临沂 （10个）（1.69）	C13（1.51）、C14（1.31）、C20（5.01）、C21（1.45）、C24（1.28）、C26（1.15）、C27（1.41）、C30（1.41）、C31（1.32）、C32（1.01）
德州 （13个）（1.31）	C13（1.11）、C14（1.49）、C15（1.51）、C17（1.65）、C21（2.08）、C22（1.11）、C24（1.14）、C27（1.08）、C30（1.28）、C33（1.04）、C34（1.30）、C35（1.08）、C38（1.19）
聊城 （10个）（1.66）	C13（1.10）、C14（1.15）、C17（2.66）、C20（1.05）、C22（2.22）、C31（1.79）、C32（2.21）、C34（1.49）、C36（1.95）、C40（1.01）
滨州 （8个）（4.30）	C21（1.18）、C23（4.22）、C24（1.80）、C25（6.92）、C28（3.28）、C31（9.84）、C32（5.89）、C33（1.26）

续表

城市	专业化强度超过1的行业
菏泽 （10个）（1.99）	C14（1.38）、C17（2.57）、C18（1.08）、C20（4.02）、C21（3.46）、C24（2.27）、C26（1.26）、C27（1.15）、C28（1.60）、C30（1.11）

注：城市名称后的第一个（）内反映的是该城市专业化强度超过1的行业数量，第二个（）内反映的是该城市专业化强度超过1的行业区位熵值的平均数。

东营的制造业行业专业化强度差距比较明显，石油、煤炭及其他燃料加工业（C25）的专业强度为7.01，而排名第7位的行业是金属制品业（C33），专业化强度为1.23，两者相差数值超过5。除此之外，差距更明显的是滨州，滨州的黑色金属冶炼和压延加工业（C31）的专业化强度9.84，而家具制造业（C21）的专业化强度仅为1.18，两数值相差将近9。淄博、枣庄、泰安、威海、德州、聊城等城市内制造业行业专业化强度分布比较平均，最大的行业区位熵值未超过3。

根据计算山东省各城市制造业行业专业化强度超过1的行业的平均值能够发现，超过2的城市只有东营（3.09）、日照（2.11）、滨州（4.30）3个城市，不足1.5的城市有枣庄（1.44）、潍坊（1.42）、泰安（1.43）、德州（1.31）4个城市，其余9个城市介于[1.5，2]之间，反映出不同城市的专业化态势存在较明显差异。从各城市专业化强度超过1的行业数量来看，超过10的城市有济南、青岛、枣庄、烟台、潍坊、泰安、临沂、德州、聊城、菏泽，合计10个城市；不足10的城市有淄博、东营、济宁、威海、日照、滨州，合计6个城市，更进一步印证不同城市具备专业化优势行业的数量、名称均存在较明显差异。按照制造业$LQ_{ij}>1$的行业数量，不足10的城市集中在山东省沿海地区和北部地区，其他城市呈现"U"形分布，其中位于北部地区的淄博、东营、滨州3个城市地理位置邻近，其优势行业数量少与城市发展依赖资源密切相关。

尽管不同城市存在一个或多个相同的行业，但具体数值存在差异。如烟台、潍坊、威海、日照、临沂、德州、聊城7个城市均将农副食品加工业作为优势行业,但依次对应的专业化强度值为1.60、1.05、1.95、1.80、1.51、1.11、1.10。比如临沂、聊城、菏泽将木材加工和木、竹、藤、棕、草制品业作为优势行业,但依次对应的专业化强度值为5.01、1.05、4.02。再如济南、青岛、枣庄、烟台、泰安、聊城均将仪器仪表及文化、办公用机械制造业作为优势行业,但依次对应的专业化强度值为2.93、1.44、1.06、2.35、1.68、1.01(见表4-4)。由此反映出山东省不同城市在制造业生产运营和组织上具有某种程度的分工(王春萌、谷人旭,2018)。

在专业化强度超过1的行业中,针对一个具体的制造业行业,不同城市地方化强度也存在明显的差异。如家具制造业(C21),菏泽的地方化强度为3.46,潍坊的地方化强度为1.04;如石油、煤炭及其他燃料加工业(C25),东营的地方化强度为7.02,潍坊的地方化强度仅为1.02,两者差距较大。再如有色金属冶炼和压延加工业(C32),滨州的地方化强度为5.89,临沂的地方化强度为1.01,也存在较明显差异。说明即便不同城市均将某一行业作为优势行业,但该优势行业所发挥的效力是存在较明显差距的。

根据制造业行业中专业化强度超过1的城市强度值求取该行业平均值后能够分析城市制造业专业化水平。超过3的行业有木材加工和木、竹、藤、棕、草制品业(C20),石油、煤炭及其他燃料加工业(C25),黑色金属冶炼和压延加工业(C31),有色金属冶炼和压延加工业(C32),说明这4个行业是山东省的优势行业。介于[2,3]之间的行业有化学纤维制造业(C28),橡胶和塑料制品业(C29),铁路、船舶、航空航天和其他运输(C37),计算机、通信和其他电子设备制造业(C39),说明这4个行业虽不如前述4个行业的优势明显,但在山东省仍具有一定优势地位。除此之外的18个行业的专业化强度平均值介于[1,2]之间,说明在山东省不具备优势。其中,金属制品业(C33)、通用设备制造业(C34)、专用设备制造业(C35)的专业化强度平均值居于后三位,说明这三个行业在山东省虽然具备一些优势,但相比其他优势行业,其实力较弱。从行业的专业化强度超过1包含的城市数量来看,即便数量一样,但包含的具体城市是不同的，如医药制造业（C27）中有 7 个城市将其作为优势行业，包含济南、淄博、济宁、威海、临沂、德州、菏泽，金属制品业（C33）中的 7 个城市依次是济南、青岛、东营、烟台、潍坊、德州、滨州，虽有重叠，但不尽相同。继续观察制造业具体行业，其中有 9 个城市将非金属矿物制品业（C30）、通用设备制造业（C34）、专用设备制造业（C35）作为优势行业，有 7 个城市将 C13、C14、C22、C23、C24、C26、C27、C33 作为优势行业，有 6 个城市将 C15、C17、C21、C31、C36、C40 作为优势行业，有 5 个城市将 C18、C38、C39 作为优势行业，有 4 个及以下数量的城市将木材加工和木、竹、藤、棕、草制品业（C20），石油、煤炭及其他燃料加工业（C25）、化学纤维制造业（C28）、橡胶和塑料制品业（C29）、有色金属冶炼和压延加工业（C32）、铁路、船舶、航空航天和其他运输（C37）作为优势行业（见表 4-5）。可见，有 9 个城市都注重发展非金属矿物制品业；通用设备制造业；专用设备制造业，直观上存在一定的制造业同构现象，但同时也反映出不同制造业行业的生产运营和组织在空间分布上存在一定差异。

表 4-5　2017 年山东省制造业行业专业化强度超过 1 的城市汇总情况

	专业化强度超过 1 的城市
农副食品加工业 C13（7 个）（1.45）	烟台（1.60）、潍坊（1.05）、威海（1.95）、日照（1.80）、临沂（1.51）、德州（1.11）、聊城（1.10）
食品制造业 C14（7 个）（1.32）	济南（1.47）、潍坊（1.03）、济宁（1.40）、临沂（1.31）、德州（1.49）、聊城（1.15）、菏泽（1.38）
酒、饮料和精制茶制造业 C15（6 个）（1.56）	济南（2.06）、枣庄（1.66）、烟台（1.14）、济宁（1.27）、日照（1.74）、德州（1.51）
纺织业 C17（6 个）（1.88）	淄博（1.15）、潍坊（1.81）、泰安（1.44）、德州（1.65）、聊城（2.66）、菏泽（2.57）
纺织服装、服饰业 C18（5 个）（1.91）	青岛（1.83）、枣庄（2.01）、济宁（3.13）、泰安（1.50）、菏泽（1.08）
木材加工和木、竹、藤、棕、草制品业 C20（3 个）（3.36）	临沂（5.01）、聊城（1.05）、菏泽（4.02）

续表

	专业化强度超过1的城市
家具制造业 C21（6 个）（1.78）	青岛（1.47）、潍坊（1.04）、临沂（1.45）、德州（2.08）、滨州（1.18）、菏泽（3.47）
造纸和纸制品业 C22（7 个）（1.64）	淄博（1.37）、枣庄（1.98）、潍坊（1.16）、济宁（2.40）、日照（1.23）、德州（1.11）、聊城（2.22）
印刷和记录媒介复制业 C23（7 个）（1.68）	济南（1.41）、青岛（1.46）、枣庄（1.03）、东营（1.33）、威海（1.17）、日照（1.11）、滨州（4.22）
文教、工美、体育和娱乐用品制造业 C24（7 个）（1.70）	青岛（1.78）、枣庄（1.64）、威海（1.98）、临沂（1.28）、德州（1.14）、滨州（1.80）、菏泽（2.27）、
石油、煤炭及其他燃料加工业 C25（4 个）（4.39）	淄博（2.61）、东营（7.02）、潍坊（1.02）、滨州（6.92）
化学原料和化学制品制造业 C26（7 个）（1.53）	淄博（2.64）、枣庄（1.03）、东营（2.29）、潍坊（1.31）、泰安（1.04）、临沂（1.15）、菏泽（1.26）
医药制造业 C27（7 个）（1.56）	济南（1.61）、淄博（1.86）、济宁（1.35）、威海（2.44）、临沂（1.41）、德州（1.08）、菏泽（1.15）
化学纤维制造业 C28（4 个）（2.54）	烟台（1.51）、潍坊（3.77）、滨州（3.28）、菏泽（1.60）
橡胶和塑料制品业 C29（4 个）（2.16）	青岛（1.25）、枣庄（1.12）、东营（5.10）、威海（1.16）
非金属矿物制品业 C30（9 个）（1.50）	济南（1.06）、淄博（2.55）、枣庄（2.08）、济宁（1.25）、泰安（1.55）、日照（1.19）、临沂（1.41）、德州（1.28）、菏泽（1.11）
黑色金属冶炼和压延加工业 C31（6 个）（3.33）	潍坊（1.14）、泰安（1.06）、日照（4.85）、临沂（1.32）、聊城（1.79）、滨州（9.84）
有色金属冶炼和压延加工业 C32（4 个）（3.15）	烟台（3.48）、临沂（1.01）、聊城（2.21）、滨州（5.89）
金属制品业 C33（7 个）（1.28）	济南（1.92）、青岛（1.44）、东营（1.23）、烟台（1.06）、潍坊（1.02）、德州（1.04）、滨州（1.26）
通用设备制造业 C34（9 个）（1.25）	济南（1.70）、青岛（1.01）、枣庄（1.11）、烟台（1.01）、潍坊（1.22）、济宁（1.15）、泰安（1.28）、德州（1.30）、聊城（1.49）
专用设备制造业 C35（9 个）（1.27）	济南（1.09）、淄博（1.30）、枣庄（1.08）、东营（1.57）、烟台（1.11）、潍坊（1.51）、济宁（1.22）、泰安（1.48）、德州（1.08）
汽车制造业 C36（6 个）（1.96）	济南（2.44）、青岛（1.25）、烟台（2.03）、泰安（1.20）、日照（2.88）、聊城（1.95）

续表

	专业化强度超过1的城市
铁路、船舶、航空航天和其他运输C37（3个）（2.64）	济南（1.63）、青岛（4.54）、威海（1.74）
电气机械和器材制造业C38（5个）（1.64）	济南（1.24）、青岛（1.95）、泰安（2.05）、威海（1.79）、德州（1.19）
计算机、通信和其他电子设备制造业C39（5个）（2.02）	济南（2.10）、青岛（1.61）、烟台（2.88）、潍坊（1.39）、威海（2.12）
仪器仪表及文化、办公用机械制造业C40（6个）（1.75）	济南（2.93）、青岛（1.44）、枣庄（1.06）、烟台（2.35）、泰安（1.68）、聊城（1.01）

注：制造业行业名称后的第一个（）内反映的是该行业专业化强度超过1的城市数量，第二个（）内反映的是该行业专业化强度超过1的城市区位熵值的平均数。

第三节 山东半岛城市群制造业分工集聚程度的进一步探讨

一 计算公式

在测算产业集聚和地理集中格局时，克鲁格曼指数是常使用的方法。其计算公式为：

$$S_{ij} = \sum_i \left| \frac{x_{ij}}{x_{i\circ}} - \frac{x\circ j}{x} \right| \qquad (4.2)$$

式（4.2）中，x_{ij}、$x\circ j$ 为 i 城市 j 产业、山东省 j 产业的产值或就业量，$x_{i\circ}$、x 为 i 城市、山东省的总产值或总就业量。S_{ij} 的取值范围在 [0，2] 之间，其值越大，产业的空间分布越集中，各城市的专业化越明显（蒋媛媛，2011）。

制造业企业的分布密度 D_i 能够反映制造业在空间中的分布特征，进而能够展现制造业分工情况。其计算公式为：

$$D_i = G_i / S_i \qquad (4.3)$$

式（4.3）中，G_i 为 i 城市制造业企业数量（个），S_i 为 i 城市的土地面积（平方千米）。

二 数据来源与说明

本节为便于进一步展示山东半岛城市群制造业分工集聚程度，选择的行业合计包含26个具体的制造业行业，数据主要来源于《山东统计年鉴》及各城市统计年鉴，在测度制造业分工合作空间特征时，使用的是从业人员数量计算，本节使用制造业产值和制造业企业数量进行计算，确保能更全面地反映山东半岛城市群制造业空间布局情况。

三 实证结果

以 $0<S_{ij}<0.3$、$0.3 \leq S_{ij}<0.7$、$0.7 \leq S_{ij}<2$ 作为划分制造业产业专业化水平低、中、高的依据。根据测算，2017年，山东半岛城市群制造业行业中专业化水平较高的是纺织业（0.798），石油、煤炭及其他燃料加工业（1.044），化学原料和化学制品制造业（0.884），有色金属冶炼和压延加工业（0.884），计算机、通信和其他电子设备制造业（0.707），合计5个行业，其中，专业化水平最高的行业是石油、煤炭及其他燃料加工业。制造业行业中专业化水平居于中间的有农副食品制造业（0.607），木材加工和木、竹、藤、棕、草制品业（0.353），医药制造业（0.378），橡胶和塑料制品业（0.361），非金属矿物制品业（0.493），黑色金属冶炼和压延加工业（0.539），通用设备制造业（0.439），汽车制造业（0.693），电气机械和器材制造业（0.405），合计9个行业。除此之外，还有12个制造业行业的专业化水平较低，最低的是化学纤维制造业，其克鲁格曼指数为0.028（见表4-6）。

表4-6　2017年山东省制造业行业的克鲁格曼指数（S_{ij}）

行业	S_{ij}（2017年）	专业化水平
农副食品加工业 C13	0.607014821	中
食品制造业 C14	0.143365694	低
酒、饮料和精制茶制造业 C15	0.07832272	低
纺织业 C17	0.797642344	高
纺织服装、服饰业 C18	0.278432296	低
木材加工和木、竹、藤、棕、草制品业 C20	0.353487856	中
家具制造业 C21	0.078646408	低

续表

行业	S_{ij}（2017年）	专业化水平
造纸和纸制品业 C22	0.240899732	低
印刷和记录媒介复制业 C23	0.048771971	低
文教、工美、体育和娱乐用品制造业 C24	0.250702045	低
石油、煤炭及其他燃料加工业 C25	1.044401778	高
化学原料和化学制品制造业 C26	0.883999197	高
医药制造业 C27	0.378327356	中
化学纤维制造业 C28	0.027746971	低
橡胶和塑料制品业 C29	0.361296595	中
非金属矿物制品业 C30	0.49299481	中
黑色金属冶炼和压延加工业 C31	0.539251067	中
有色金属冶炼和压延加工业 C32	0.88417984	高
金属制品业 C33	0.190754008	低
通用设备制造业 C34	0.438557757	中
专用设备制造业 C35	0.232344372	低
汽车制造业 C36	0.693249297	中
铁路、船舶、航空航天和其他运输 C37	0.231465991	低
电气机械和器材制造业 C38	0.405201295	中
计算机、通信和其他电子设备制造业 C39	0.707001759	高
仪器仪表制造业 C40	0.089550448	低

克鲁格曼指数的测定能够从一定程度上展示出山东省制造业行业的空间分布，专业化水平较高的行业分布较为集中，而专业化水平较低的行业分布较为分散。从城市制造业克鲁格曼指数看，没有城市为专业化低水平，其中产业专业化水平较高的城市有淄博、东营、烟台、威海、日照、滨州6个城市，说明这些城市产业较为单一和集中（见表4-7）。以东营为例，其是我国重要的石油基地，是胜利油田崛起地，主要制造业行业均围绕石油产生、发展、壮大。而济南、青岛、枣庄、潍坊、济宁、泰安、临沂、德州、聊城、菏泽的产业专业化水平较高，与这些城市产业较为多元化有着密切的联系。

表 4-7　2017 年山东省各城市制造业克鲁格曼指数（S_{ij}）和专业化水平

城市	克鲁格曼指数	专业化水平
济南	0.699005839	中
青岛	0.570035426	中
淄博	0.741132472	高
枣庄	0.530568417	中
东营	0.970186526	高
烟台	0.730257434	高
潍坊	0.336685091	中
济宁	0.568736373	中
泰安	0.509911985	中
威海	0.774825321	高
日照	0.936908674	高
临沂	0.546529589	中
德州	0.405666414	中
聊城	0.535731889	中
滨州	0.996241524	高
菏泽	0.625185456	中

从各地市企业数量在全省企业数量中的比例来看，以 $0<N_i<0.06$、$0.06 \leqslant N_i<0.09$、$0.09 \leqslant N_i<1$ 作为划分山东省各城市制造业企业数量比例低、中、高的依据，根据结果可以发现青岛、潍坊、临沂、菏泽 4 个城市制造业数量比例较高，淄博、烟台、济宁、德州、聊城 5 个城市制造业数量比例居中，而济南、枣庄、东营、泰安、威海、日照、滨州 7 个城市制造业企业数量比例较低（见表 4-8）。由此能够判断，青岛、潍坊、临沂、菏泽 4 个城市集中了数量更多的制造业企业，而济南、枣庄、东营、泰安、威海、日照、滨州的制造业企业数量较少。同时，进一步结合企业分布密度来看，以 $0<D_i<0.15$、$0.15 \leqslant D_i<0.3$、$0.3 \leqslant D_i<1$ 作为划分山东省各城市制造业企业分布密度低、中、高的依据，山东省整体的制造业企业分布密度处于

中等的水平，青岛、淄博的制造业企业分布密度较高，东营、日照、滨州的制造业企业分布密度较低，其余城市居于中间（见表4-8）。以东营为例，东营是典型的资源型城市，在产值和从业人员上，第二产业中的重工业都占有明显优势，且重工业中绝大多数是与石油化工工业相关的产业，如石油和天然气开采业、石油加工、炼焦和核燃料加工业等工业类别，因为不少重工业体量比较大，但数量并没有很多，所以前述分析是根据数量做的判断，并非说明这些城市的制造业企业实力弱，因为对一个地区企业的判断，不仅是对数量的判断，还涉及规模、主营业务收入、税收等多方面的内容。

表4-8　　2017年山东省各城市企业数量及比例、密度情况

城市	企业数量（家）	企业数量比例（%）	城市面积（平方千米）	企业分布密度（个/平方千米）	密度高低判断
济南	1972	0.055162382	7998	0.24656164	中
青岛	3416	0.09555512	11282	0.302783194	高
淄博	2514	0.070323645	5965	0.421458508	高
枣庄	1184	0.033119808	4564	0.25942156	中
东营	930	0.026014714	8243	0.112823001	低
烟台	2190	0.061260455	13852	0.158099913	中
潍坊	3327	0.09306554	16143	0.206095521	中
济宁	2614	0.073120926	11311	0.231102467	中
泰安	1297	0.036280735	7762	0.167096109	中
威海	1734	0.048504853	5798	0.299068644	中
日照	694	0.01941313	5359	0.129501773	低
临沂	4145	0.115947299	17191	0.241114537	中
德州	2977	0.083275057	10358	0.287410697	中
聊城	2278	0.063722062	8984	0.253561888	中
滨州	1157	0.032364542	9660	0.119772257	低
菏泽	3320	0.092869731	12256	0.270887728	中
合计	35749	1	156726	0.22809872	中

第四章 制造业强省背景下山东半岛城市群制造业分工合作演化的时空特征：宏观层面

小　结

目前，全球经济格局都面临重构，"转型"成为新的时代主题，世界主要国家都开始调整发展模式。如美国正在试图改变过去"高消费、双赤字"的发展路径；一些发达国家重提"再工业化"，力图改变过去"去工业化"对经济增长的冲击。包括我国在内的亚洲地区，传统的发展模式正面临着巨大的转型压力。与此同时，全球金融格局、贸易格局、国际资本流动格局和产业转移格局都出现深刻的变化。当然，这种重构、转型最终会实现新的平衡。新技术、新理念催生新增长点，将引领全球新一轮产业升级。发展低碳经济、绿色经济，将成为新的世界潮流。新能源、节能环保和信息产业，将引领全球产业转型升级。总体来看，整个国际大环境，将由过去的世界经济快速增长的繁荣期，进入一个全新的转型期。山东身处这样的洪流中，如何应对已成为全新命题。

由于行业之间存在明显的异质性，不同的制造业行业具有不同的技术特征、产品周期和管理模式等，因而对于山东而言，需要有针对性地对不同类型和处在不同发展阶段的产业进行分类指导和政策扶持。自2011年以来，山东省制造业专业化分工强度和分工层次都有所增强，集聚水平较高的行业集中在劳动密集型、资本密集型产业，说明这些领域的制造业分工优势较为明显。同时，技术密集型制造业产值增加较为明显，对技术的重视程度增强，但仍不具备优势。

现阶段和未来要实现可持续发展，需要积极调整要素结构，重视物质资本积累，在保持投资增长率的同时，更为重要的是提高投资的效率、提高物质资本形成率。同时，根据既有产业发展基础和水平，结合不同的市场需求，制定相应的扶持政策和激励办法，深耕"十强产业"重点发展领域，不断化解过剩产能，注重与国内外知名企业进行产业链配套，坚持深耕主业，做到在某一领域的专业化和精细化，争取打造一批科技型、成长型、创新型企业，逐步实现传统制造业高端化。

根据测度发现，拥有优势行业数量较多的是济南、潍坊、德州、青岛等城市，而拥有优势行业数量较少的是东营、淄博、日照、滨州、济宁等城市，这与济南、青岛等城市产业较为多元化，东营、淄博等城市产业较为单一有直接关系，展现出城市制造业发展存在一定差异性。同时，山东半岛城市群中有一半城市的最优势行业出现交叉，且有9个城市将非金属矿物制品业、通用设备制造业、专用设备制造业作为优势行业，有7个城市将农副食品加工业、食品制造业、医药制造业等作为优势行业，说明山东半岛城市群各城市之间制造业的发展存在趋同性，产业同构问题需要引起重视。

推动经济圈内产业转移是降低产业同构程度、培育整体分工优势的一种有效途径。在新一轮产业转移和产业升级中，山东半岛城市群各城市应该充分挖掘经济基础和发展潜力，牢固树立区域协调发展理念，积极破除行政壁垒和体制机制障碍，深化在城市发展、生态保护、科技创新等领域的交流。注重提升济南、青岛等核心城市在山东的辐射、带动和引领作用，推动其向高端化和服务化方向发展，将部分生产功能向周边地区转移，增强中小城市的专业化、特色化。由省级层面协调济南、东营、德州、聊城、滨州等城市积极构建经济联合体，完善科研合作机制，促进产业链和创新链对接，引导和鼓励更多的科研力量流向企业。深化城市内部的制造业分工合作，减少工业园区的重复建设和资源浪费，增强城市造血能力和综合实力，最终形成布局合理、关系紧密的现代产业体系。

在山东半岛城市群内部，部分城市的部分行业存在较强的产业合作潜力，但整体上产业合作潜力为中等水平，距离更高水平的合作仍存在较大距离。济南与淄博、泰安、德州、聊城、滨州之间的经济合作较为密切，但与枣庄、日照等经济合作较差。合作潜力强的行业仍集中在劳动密集型、资本密集型产业领域，对劳动力、资源依赖程度较大。要充分发挥城市产业合作潜力，形成现代制造业集群，并不断提升城市能级优势，打造具有强大区域服务能力的城市经济圈。

随着新旧动能转换综合试验区和自由贸易实验区两大国家战略在

山东交汇叠加，山东的经济一体化快速发展，城市经济联系越发紧密，区域制造业分工合作日益受到重视。除了增强省内城市产业合作外，各城市还需要发挥比较优势，大力推进产业对接，实现错位发展，尽快闯过"空笼期"，在经济高质量发展战略指引下，努力融入京津冀经济圈和"一带一路"对外开放格局，既通过产业转移去除山东的过剩产能，也通过产业引入补齐山东产业发展的短板，借此全面优化经济发展的战略取向，实现经济形态加速向服务经济转变，增长动力加速向创新驱动转变，努力形成新竞争格局和竞争优势，从而在国际战略格局中占据一席之地。

第五章

山东半岛城市群城市空间经济联系：中观层面

第一节 山东半岛城市群城市发展概况

一 自然环境概况

山东省位于中国东部、黄河下游，北濒渤海，东临黄海，整体介于北纬34°22.9′—38°24.0′，东经114°47.5′—122°42.3′之间，是中国沿海12省（市）之一，地理位置较为优越。山东省境内南北最长约400千米，东西最宽约700千米，全省面积约15.8万平方千米，约占全国总面积的1.65%。

根据山东省区平面形态及海陆分布情况，省内以小清河口到江苏、山东交界的绣针河口一线为界，分为东、西两部分，东为山东半岛，西为山东内陆。山东半岛伸入渤海、黄海间，北隔渤海海峡与辽东半岛遥相对峙；内部北、西、南三侧与河北、河南、安徽、江苏接壤。根据行政区分布与一定自然地理界限相结合，山东全省分为鲁西、鲁北、鲁东和鲁中南四部分。

山东地貌基本分为平原和山地丘陵两类，境内中部山地隆起，地势最高，东部及南部丘陵和缓起伏，北部及西部平原坦荡，对山地丘陵呈半包围的态势。山东属于暖温带季风气候区，气候温和，四季分明，夏季受东南海洋性季风影响，高温多雨；冬季受偏北大陆性季风控制，寒冷干燥。东部受海洋影响较大，西部内陆大陆性加强。山东河流水系较发达，全省平均河网密度为0.24千米/平方千米，淡水资源和海洋资源丰富，土壤类型复杂多样，自然条件整体较为优越。

二 社会经济发展水平

2019年1月，国务院批复同意山东省调整济南市、莱芜市行政区划，撤销莱芜市，将其所辖区域划归济南市管辖。自此，山东包含16个地级及以上城市：济南、青岛、淄博、枣庄、东营、烟台、潍坊、济宁、泰安、威海、日照、临沂、德州、聊城、滨州、菏泽。但由于缺乏济莱合并后的最新数据，所以，在济南的数据分析中未包含莱芜的数据，且由于莱芜数据普遍缺失，所以考察各地级及以上城市具体情况时未考虑莱芜。

2019年，山东、全国年末人口总数分别为10070万人、140005万人，山东人口总量约占全国的7.19%。2019年，山东地区生产总值（GDP）为71067.53亿元，其中，第一产业增加值为5116.44亿元，第二产业增加值为28310.92亿元，第三产业增加值为37640.17亿元，从分行业情况看，农林牧渔业、工业、建筑业、批发和零售业、交通运输仓储和邮政业、住宿和餐饮业、金融业、房地产业的增加值依次为5476.47亿元、22985.13亿元、5441.91亿元、9744.83亿元、3636.06亿元、1173.68亿元、4177.35亿元、4348.67亿元，人均生产总值为70653元。1978—2019年，山东省GDP值占全国的比重从6.13%升至7.17%（2019年所占比例较低），基本呈逐年上升的趋势，个别年份微有起伏，2005年时占比接近10%，是历年最高比例。山东省人均GDP比重与全国人均GDP比重变化基本吻合。在1985年之前，山东人均GDP未能达到全国平均水平，在1985年及之后，普遍超过全国平均水平，其中2005年为全国人均GDP的1.40倍（见表5-1）。2017年，山东、全国的全社会固定资产投资总额分别为55203亿元、641238亿元，山东约占全国的8.61%；山东、全国的社会消费品零售额分别为33649亿元、366262亿元，山东约占全国的9.19%；山东、全国的外贸进出口总额分别为2630.6亿美元、41045亿美元，山东约占全国的

6.41%（部分年度的山东全社会固定资产投资总额未公布）。

表 5-1　　　　　山东省 GDP、人均 GDP 及占全国的比重

年份	GDP（亿元）			人均 GDP（元）		
	山东	全国	比例（%）	山东	全国	倍数
1978	225.45	3678.7	6.13	316	385	0.82
1980	292.13	4587.6	6.37	402	468	0.86
1985	680.46	9098.9	7.48	887	866	1.02
1990	1511.19	18872.9	8.01	1815	1663	1.09
1995	4953.35	61339.9	8.08	5701	5091	1.12
2000	8337.47	100280.1	8.31	9326	7942	1.17
2005	18496.99	187318.9	9.87	20075	14368	1.40
2010	39571.20	413030.3	9.58	41527	30876	1.34
2015	63858.62	689052.1	9.27	65040	50251	1.29
2017	72634.15	827121.7	8.78	72807	59660	1.22
2018	76469.67	919281.1	8.32	76267	66006	1.16
2019	71067.53	990865.1	7.17	70653	70892	0.99

伴随工业化、城市化进程，作为人口、经济集聚载体的城市已经成为现代经济活动的核心。同时，打破行政区划界限，共享资源，推进产业分工合作，增强竞争力已经成为不少城市的共识，城市间密切频繁的经济联系和相互作用有助于获取规模经济效益，促进城市发展壮大。

习近平总书记多次旗帜鲜明地指出必须顺应经济全球化潮流，坚持对外开放，建设开放型经济新体制，构建开放型世界经济。党的二十大报告指出必须完整、准确、全面地贯彻新发展理念，坚持社会主义市场经济改革方向，坚持高水平对外开放，加快构建以国内大循环为主体、国内国际双循环相互促进的新发展格局。开放型经济的打造需要经济引进来、走出去，需要城市、区域间的密切交流合作。在考察山东时，习近平总书记更是强调要切实把新发展理念落在实处，不断增强经济社会发展创新力。要达成目标，其中的重要一环即为增加

空间经济联系。山东新旧动能转换综合试验区这一区域性国家发展战略的落地、济南与莱芜的融合给山东发展带来诸多机遇、挑战，也使山东城市发展问题成为政府、学界、社会的关注热点。但目前有关山东省空间经济联系的研究比较少，且多采用定性描述，或只关注其中的几个城市，而忽视整体区域的联动发展。鉴于此，本部分以山东半岛城市群为研究对象，有针对性地提出改善举措。

三　在全国经济发展中的战略位势

要研究山东在全国经济发展中的战略位势，有必要对山东经济发展做进一步了解。从 GDP 总量来看，2018 年，广东、江苏、山东 GDP 依次为 97277.77 亿元、92595.4 亿元、76469.67 亿元，山东排在广东、江苏之后，在全国 GDP 总量中处于第三名，但与广东、江苏的差距较大。从人均 GDP 来看，山东省人均 GDP 为 76267 元，不如北京、天津、上海、江苏、浙江、福建、广东等地区，但这样单纯从总量或者人均指标上进行对比存在绝对性，为了避免这种缺陷，此处使用相对发展率来表示一个地区的经济发展速度。相对发展率 $Nich$ 的计算公式如下：

$$Nich = \frac{Y_{2i} - Y_{1i}}{Y_2 - Y_1} \tag{5.1}$$

式（5.1）中，Y_{2i}、Y_{1i} 分别表示山东省在 2018 年、2000 年的人均 GDP 值，Y_2、Y_1 表示全国在 2018 年、2000 年的人均 GDP。若 $Nich>1$，表示山东省人均 GDP 增量快于全国人均 GDP 增量，山东省的经济发展速度较快；反之，若 $Nich<1$，则表示山东省经济发展速度不够理想。

在衡量一个地区产业结构的专门化分工强度及集中程度时，常使用区位熵法（Location Quotient），该方法有助于展示地区产业发展的相对水平，优势行业的分布及产业的区域专业化生产情况，进而可以反映区域分工的基本格局（王春萌、谷人旭，2018）。

$$LQ_{ij} = \frac{X_{ij} / \sum_{j=1}^{m} X_{ij}}{\sum_{i=1}^{n} X_{ij} / \sum_{i=1}^{n} \sum_{j=1}^{m} X_{ij}} \tag{5.2}$$

式（5.2）中，X_{ij} 为山东省 j 产业的制造业从业人员，分子为山东省 j 产业从业人员数量在山东省制造业从业人员总量中的比重，分母为全国 j 产业从业人员数量在全国制造业总产值中的比重。若 LQ_{ij} > 1，说明山东省 j 产业专业化程度较高，在全国具有优势地位；反之，则山东省 j 产业专业化程度较低，在全国不具备优势地位。LQ_{ij} 值越大，其发展越具有优势（王春萌、谷人旭，2018）。

（一）数据来源与说明

本节数据主要来源于 2012—2018 年《山东统计年鉴》《中国统计年鉴》等，相对发展率的计算数据来源于 2019 年《中国统计年鉴》。因为部分年份未统计制造业具体行业产值，所以选择行业从业人员数量进行计算。根据 2011 年、2014 年、2017 年统计行业门类的一致性适当调整行业，将橡胶制品业及塑料制品业合并为橡胶和塑料制品业；将汽车制造业及铁路、船舶、航空航天和其他运输设备制造业合并为交通运输设备制造业；将仪器仪表制造业及金属制品、机械和设备修理业合并为仪器仪表及文化、办公用机械制造业。经整理合并后，共列举农副食品加工业；家具制造业；交通运输设备制造业，废弃资源综合利用业等 29 个行业（见表 5-2）。

（二）实证结果

2000—2018 年，山东省的相对发展率为 1.181，大于 1，说明山东省的经济发展速度在总体上是超过全国的经济发展速度，在全国经济发展中居于前列。通过对山东省 2011 年、2014 年、2017 年制造业区位熵的计算，能够反映出山东省优势产业包含哪些行业，也能够反映出在全国范围内山东省制造业的发展地位。2011 年、2014 年、2017 年，山东省分别有 14 个、13 个、13 个行业的区位熵指数大于 1。其中，区位熵指数始终大于 1 的行业有农副食品加工业，食品制造业，纺织业，木材加工和木、竹、藤、棕、草制品业，造纸和纸制品业，文教、工美、体育和娱乐用品制造业，石油、煤炭及其他燃料加工业，化学原料和化学制品制造业，医药制造业，通用设备制造业，专用设备制造业 11 个行业，说明 2011—2017 年，这 11 个行业始终是山东省制造业的优势行业（见表 5-2）。从具体数值看，农副食品加工业；纺织业的区位熵指数始终超过 1.5，尤其是农副食品加工业的区位熵指数始终超过 2，说明山东省的农副食品加工业；纺织业在全国都具有较为领先的地位。

表 5-2　　　　　　2011—2017 年山东省制造业专业化强度

	2011 年	2011—2014 年变化	2014 年	2014—2017 年变化	2017 年
农副食品加工业 C13	2.225	-0.193	2.032	0.142	2.174
食品制造业 C14	1.248	-0.244	1.004	0.037	1.041
酒、饮料和精制茶制造业 C15	0.916	-0.125	0.791	-0.064	0.727
烟草制品业 C16	0.371	0.219	0.590	-0.193	0.397
纺织业 C17	1.530	0.125	1.655	0.032	1.687
纺织服装、服饰业 C18	1.009	-0.155	0.854	0.133	0.987
皮革、毛皮、羽毛及其制品和制鞋业 C19	0.582	-0.154	0.428	-0.034	0.394
木材加工和木、竹、藤、棕、草制品业 C20	1.304	0.130	1.434	0.233	1.667
家具制造业 C21	0.745	-0.021	0.724	-0.079	0.645
造纸和纸制品业 C22	1.337	-0.021	1.316	0.051	1.367
印刷和记录媒介复制业 C23	0.727	0.050	0.777	0.080	0.857
文教、工美、体育和娱乐用品制造业 C24	1.835	-0.804	1.031	0.084	1.115
石油、煤炭及其他燃料加工业 C25	1.235	0.145	1.380	0.263	1.643
化学原料和化学制品制造业 C26	1.364	0.058	1.422	0.033	1.455
医药制造业 C27	1.126	0.002	1.128	0.209	1.337
化学纤维制造业 C28	0.476	-0.029	0.447	0.014	0.461
橡胶和塑料制品业 C29	0.912	0.236	1.148	-0.006	1.142
非金属矿物制品业 C30	1.161	-0.096	1.065	-0.068	0.997
黑色金属冶炼和压延加工业 C31	0.872	-0.036	0.836	-0.110	0.726

续表

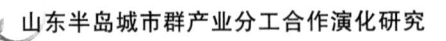

	2011年	2011—2014年变化	2014年	2014—2017年变化	2017年
有色金属冶炼和压延加工业C32	0.825	0.047	0.872	0.026	0.898
金属制品业C33	1.048	-0.063	0.985	0.022	1.007
通用设备制造业C34	1.108	0.155	1.263	0.022	1.285
专用设备制造业C35	1.061	0.148	1.209	-0.017	1.192
交通运输设备制造业C36、C37	0.788	0.020	0.808	-0.003	0.805
电气机械和器材制造业C38	0.591	0.012	0.603	-0.041	0.562
计算机、通信和其他电子设备制造业C39	0.401	0.028	0.429	-0.037	0.392
仪器仪表及文化、办公用机械制造业C40	0.425	0.144	0.569	0.039	0.608
其他制造业C41	0.113	0.242	0.355	-0.019	0.336
废弃资源综合利用业C42	0.307	0.047	0.354	0.019	0.373

2011—2017年，山东省绝大多数制造业行业的区位熵指数值在提高，2011—2014年、2014—2017年，均有17个行业的区位熵值上升，12个行业的区位熵值下降。其中，持续上升的行业包括纺织业，木材加工和木、竹、藤、棕、草制品业，印刷和记录媒介复制业，石油、煤炭及其他燃料加工业，化学原料和化学制品制造业，医药制造业，有色金属冶炼和压延加工业，通用设备制造业，仪器仪表及文化、办公用机械制造业，废弃资源综合利用业10个行业。区位熵指数值持续下降的行业有酒、饮料和精制茶制造业，皮革、毛皮、羽毛及其制品和制鞋业，家具制造业，非金属矿物制品业，黑色金属冶炼和压延加工业5个行业，其余行业有升有降，且先升后降和先降后升的分别有7个行业。再结合不同要素在产业中的密集度能够发现，在全国范围内，山东省城市制造业的专业化分工强度不断提高，专业化分工层次也有所增强，目前阶段的分工主要依赖于劳动和资本，对技术的依赖度相对不高。

第二节 山东半岛城市群城市空间经济联系强度

一 研究方法和数据来源

（一）城市相互作用强度模型

引力模型是测度城市间相互联系程度的重要方法，通过该模型能够构建城市经济联系强度矩阵，形成城市间"关系数据"，其基本公式是 $R_{ij}=EM_iM_j/d_{ij}^{-r}$，由于城市间引力存在差异性、单向性，所以有必要对传统的引力模型进行修订，结合汤放华等（2013）、车磊等（2017）的研究，将城市相互作用强度模型确定为：

$$R_{ij} = \frac{\sqrt[3]{S_iP_iG_i}}{D_{ij}} \times \frac{\sqrt[3]{S_jP_jG_j}}{D_{ij}} \tag{5.3}$$

其中，R_{ij} 为 i、j 两城市的相互作用强度，值越大说明强度越强；S_i、S_j 为 i、j 两城市的建成区面积，G_i、G_j 为 i、j 两城市的 GDP 值，P_i、P_j 为 i、j 两城市的城镇人口数量，D_{ij} 为通过百度地图中测距工具测算的 i、j 两城市间直线距离。

（二）城市流强度模型

城市群经济空间内各类经济流的互动集聚形成城市流，在城市群空间联系中，城市外向功能产生的集聚与辐射能力在城市间相互影响的数量关系即为城市流强度，反映出城市要素流动及城市规模结构不断发展完善的过程。

$$F = N \times E \tag{5.4}$$

式（5.4）中，F 是城市流强度，N 是城市功能效率，即单位外向功能量所产生的实际影响，E 是城市外向功能量，其主要衡量标准为具有外向服务功能部门的区位熵，见式（5.5）。

$$LQ_{ij} = \frac{G_{ij}/G_i}{G_j/G} \tag{5.5}$$

其中，G_{ij}、G_i 分别为 i 城市 j 行业、i 城市从业人员数量，G_j、G

分别为城市群 j 行业、城市群从业人员总量。当 $LQ_{ij}>1$ 时，$E_{ij}>0$；当 $LQ_{ij}<1$ 时，$E_{ij}=0$。

$$E_{ij}=G_{ij}-G_i\times(G_j/G) \tag{5.6}$$

i 城市外向功能总量：$E_i=\sum_{j=1}^{m}E_{ij}$ (5.7)

i 城市功能效率：$N_i=GDP_i/G_i$ (5.8)

基于以上梳理可得：

$$F_i=N_i\times E_i=(GDP_i/G_i)\times E_i=GDP_i\times E_i/G_i=GDP_i\times(E_i/G_i)=GDP_i\times K_i \tag{5.9}$$

式（5.9）中，K_i 是 i 城市外向功能量占总功能量的比例，被称为城市流倾向度，反映了 i 城市总功能量的外向程度。

（三）数据来源

本书原始数据主要来源于《山东统计年鉴》《中国城市统计年鉴》等，服务业细分行业往往被认为具有外向服务功能，所以依据《国民经济行业分类》（GB/T4754-2011）选择交通运输、仓储及邮政业 G，信息传输、计算机服务和软件业 I，批发零售业 F，住宿餐饮业 H，金融业 J，房地产业 K，租赁和商务服务业 L，科研、技术服务和地质勘查业 M，水利、环境和公共设施管理业 N，居民服务和其他服务业 O，教育 P，卫生、社会保险和社会福利业 Q，文化、体育和娱乐业 R，公共管理和社会组织 S 14 个行业作为考察对象。考虑到主流研究范式，选择行业从业人员作为城市功能量的度量依据。

二 外向功能量、功能效率

根据公式计算山东半岛城市群各城市 2007 年、2012 年和 2017 年的外向功能量 E_i 值，结果显示各城市都拥有一定的外向功能量，主要集中在 1—5，说明各城市均具备一定的外向辐射力，但城市间存在较大差异，省域整体外向功能较低（见表 5-3）。其中，2017 年济南的外向功能量最高，第二是青岛，第三是菏泽，但即便排在第 1 位的济南数值也不高，为 15.250，而青岛、菏泽都未超过 8，同时期的上海、南京、杭州的外向功能量依次为 152.499、16.98、20.401，由此可见，山东省内外向功能量靠前的城市与长三角城市群的核心城市相比仍存在很大差距。除此之外，山东省内部外向功能差异比较大，淄博、枣庄、泰安、威海、日照、莱芜、滨州的外向功能量不足3，如泰安、日照的外向功能量分别为1.987、2.023，分别仅为济南的13.01%、13.27%。这些城市外向功能量小主要与资源型主导产业地域性较强有重要关联。

当具备外向功能的行业区位熵值小于1时，可认为该行业不具备外向功能，由此结合前述对优势行业的分析，从外向功能量构成看，除教育，卫生、社会保险和社会福利业，公共管理和社会组织等生活性服务业外向功能量较大外，山东省的交通运输、仓储及邮政业，信息传输、计算机服务和软件业，批发零售业，金融业外向功能量较大，而住宿餐饮业，房地产业，租赁和商务服务业，科研、技术服务和地质勘查业等行业的外向功能量较小。其中，山东省大部分住宿餐饮业以小微企业为主，未实现规模化的生产和经营，服务质量与管理水平难以满足发展需求，加上山东省旅游业不够发达，导致前来山东旅游的人流量较少，住宿餐饮业内部难以实现良性循环。近年来，山东省的房地产市场呈现平稳健康发展态势，但与较发达地区相比，山东省房地产业仍存在商品房库存偏高、产业集中度偏低、缺乏知名品牌、产品结构不合理、企业资本运营能力差等突出问题，这导致房地产业主要服务山东省内部，而很难在周围省域乃至全国产生较强的影响力。而租赁和商务服务业结构的不合理性比较突出，东营该行业的外向功能量占山东省该行业外向功能量的57.7%，其他城市实力很弱。而科研、技术服务和地质勘查业外向功能量不高，从侧面反映出山东省的产业科研实力不强。

城市功能效率反映出城市单位外向功能量所产生的实际影响效力，2007—2017年，山东省各城市的功能效率均有所增长，其中，济南、青岛、东营、潍坊、济宁、威海、莱芜等增长速度较快，而临沂、德州、聊城、滨州等增长速度较慢。从2017年具体值考察，东营、威海、青岛的功能效率最高，依次为226.686亿元/万人、175.186亿元/万人、162.497亿元/万人，而不足100亿元/万人的城市有济南、临沂、菏泽，济南功能效率较低的事实与省会城市经济体量不符,与建设"大强美富通"的现代化国际大都市目标存在较大差距。

表5-3　2007—2017年山东省各城市外向功能量、功能效率

	2017年GDP（亿元）	外向功能量 E_i			功能效率 N（亿元/万人）		
		2007年	2012年	2017年	2007年	2012年	2017年
济南	7151.63	11.325	15.710	15.250	42.214	66.377	91.528
青岛	11024.11	6.206	5.809	7.203	83.165	141.596	162.497
淄博	4771.36	1.330	2.375	2.098	100.466	137.876	165.277
枣庄	2303.67	1.978	2.445	2.849	60.772	104.989	123.494
东营	3814.35	3.062	3.688	3.951	119.512	173.248	226.686
烟台	7343.53	2.200	2.224	4.852	86.929	141.554	158.955
潍坊	5854.93	3.360	4.304	4.772	67.212	113.186	140.593
济宁	4636.77	2.559	3.102	4.602	58.530	94.304	128.941
泰安	3578.39	1.734	1.790	1.987	65.955	106.793	125.029
威海	3512.91	1.290	1.914	2.871	120.690	144.580	175.186
日照	2008.88	1.016	1.232	2.023	65.377	112.620	139.096
莱芜	894.97	0.608	0.956	0.942	77.483	110.774	155.406
临沂	4330.11	3.753	5.621	3.800	53.667	91.575	95.478
德州	3141.66	2.621	3.170	3.014	59.308	96.103	104.963
聊城	3013.55	1.953	3.156	4.218	53.575	94.321	110.593
滨州	2601.14	2.125	1.984	2.279	86.506	135.404	137.906
菏泽	2825.81	4.381	5.419	6.750	26.913	61.782	84.513

三　城市流强度

2007年、2012年和2017年,山东半岛城市群城市流强度总值依次为3455.5亿元、7024.9亿元、9588.2亿元,呈现逐年递增的趋势。除临沂外,山东半岛城市群内各城市均表现为增长态势,其中,增长明显的有济南、青岛、东营、烟台、济宁、威海、菏泽等城市,相比2012年,2017年的城市流强度增长值均超过200亿元,而增长幅度比较低的主要有淄博、枣庄、泰安、莱芜、德州、滨州,增长值均未超过100亿元,增长幅度明显的城市多位于沿海地区,优越的区

位优势与便利的交通运输条件在很大程度上推动高城市流强度的形成。济南、青岛、东营、烟台的城市群强度依次是1395亿元、1170亿元、895.7亿元、771.3亿元，而同时期上海、南京、杭州、合肥的城市流强度依次是4874.3亿元、1559.5亿元、1610.1亿元、1049.821亿元，济南、青岛仅仅比合肥城市流强度稍高，与上海、南京、杭州都存在较大差距。长三角城市群中仅有湖州、舟山、马鞍山、铜陵、安庆、滁州、池州、宣城8个城市的城市流强度低于700亿元，不足长三角城市群的1/3，而山东半岛城市群内中有13个城市的城市流强度低于700亿元，接近全省的4/5，整体上，山东省与安徽城市流强度比较接近，与江浙沪地区差距比较明显。

根据山东省半岛城市群内各城市的城市流强度，按照$0<F_i\leqslant500$、$500<F_i\leqslant700$、$F_i>700$将其划分为低、中、高三个层级。2007年，仅有青岛属于中层级，其余城市均属于低层级。2012年，各层级的城市数量发生一定变化，济南、青岛进入高层级行列，东营、临沂进入中层级行列，其余城市没有变化。2017年变化比较大，位于高层级的城市有济南、青岛、东营、烟台4个城市，位于中层级的城市有潍坊、济宁、威海、菏泽4个城市，其余城市都位于低层级行列。山东半岛城市群内部城市的城市流强度差异较明显，2017年，济南、青岛的城市流强度排在前两位，说明济南、青岛是山东省的双核心城市和主要辐射源，第三是东营，反映出老牌资源型城市的辐射实力，第四是烟台，毗邻日、韩的优势使其拥有频繁的贸易往来。而位于低层级城市的淄博、枣庄、泰安、日照、莱芜、临沂、德州、聊城、滨州9个城市的城市流强度较低，普遍距离高城市流强度的城市较远，受辐射影响较少，在山东半岛城市群内缺乏重要影响。《山东新旧动能转换综合试验区建设总体方案》明确指出试验区核心城市是济南、青岛、烟台，核心城市的选择与其拥有较高的城市流强度相吻合。城市流倾向度也基本呈现与城市流强度一致的发展趋势，整体上，山东半岛城市群的城市流强度处于低层级的城市居多，既展示出发展进程中的不足，也表明未来提升的潜力巨大。

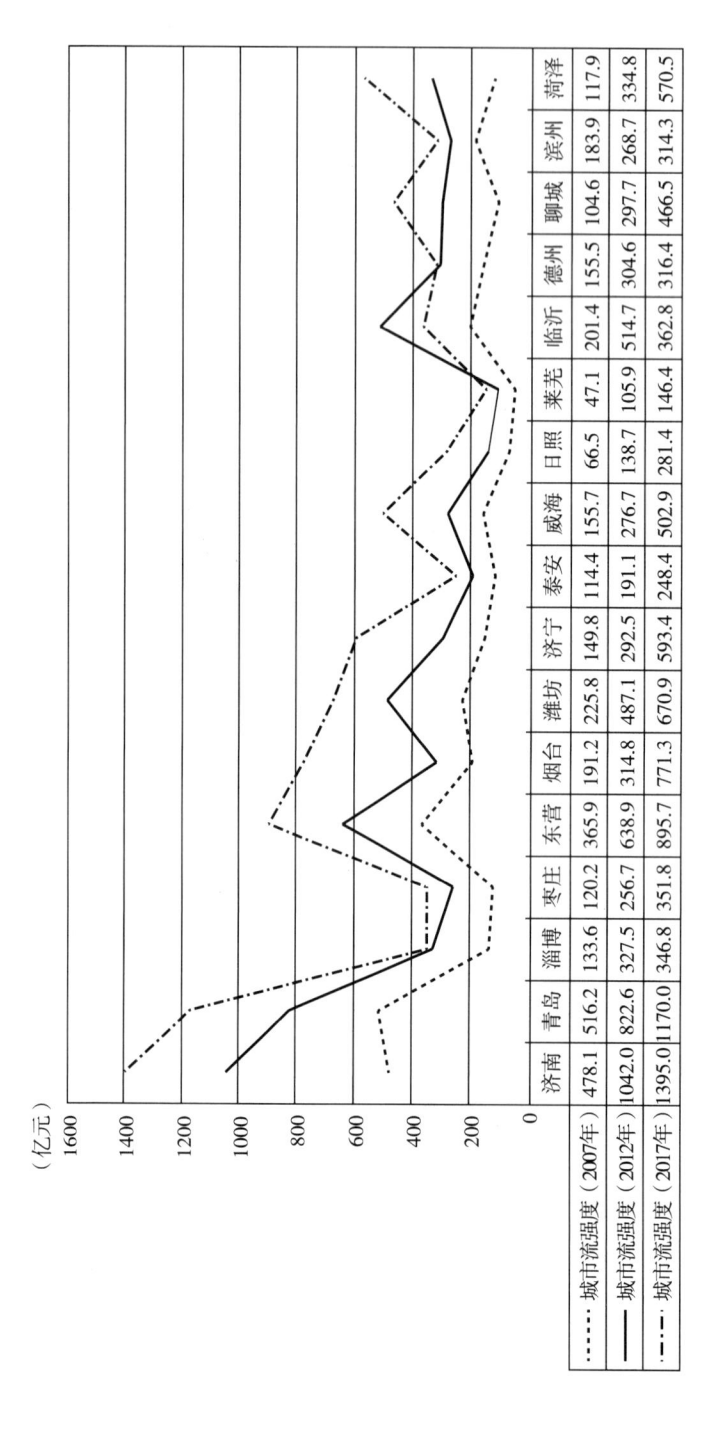

	济南	青岛	淄博	枣庄	东营	烟台	潍坊	济宁	泰安	威海	日照	莱芜	临沂	德州	聊城	滨州	菏泽
城市流强度（2007年）	478.1	516.2	133.6	120.2	365.9	191.2	225.8	149.8	114.4	155.7	66.5	47.1	201.4	155.5	104.6	183.9	117.9
城市流强度（2012年）	1042.0	822.6	327.5	256.7	638.9	314.8	487.1	292.5	191.1	276.7	138.7	105.9	514.7	304.6	297.7	268.7	334.8
城市流强度（2017年）	1395.0	1170.0	346.8	351.8	895.7	771.3	670.9	593.4	248.4	502.9	281.4	146.4	362.8	316.4	466.5	314.3	570.5

图 5-1 2007 年、2012 年和 2017 年山东半岛城市群各城市的城市流强度

第五章 山东半岛城市群城市空间经济联系：中观层面

山东半岛城市群经济正处在转型发展、提升发展、创新发展的关键时期，迫切需要强大的城市服务业作为促进转型的重要抓手，在科技含量较高的交通运输、仓储及邮政业，信息传输、计算机服务业和软件业，金融业，科研、技术服务和地质勘查业等行业上，仅有少数城市实现了重点发展，与较发达的长三角城市群等差距明显。接下来，山东半岛城市群应将发展现代服务业作为产业转型升级的重要方向，积极发展现代商贸、信息服务、金融投资、现代物流、总部经济等新兴业态，加快形成一批新的投资、产业、消费增长点。山东半岛城市群在租赁和商务服务业上具备一定优势，应该继续放大此优势，重点发展工业设计及研发服务、科技管理咨询、服务外包等生产性服务业。除发展生产性服务业外，还需提升发展各类消费性服务业，重点推动济南、青岛、淄博、威海、烟台的重要作用，如济南可以新旧动能转换综合试验区建设为抓手，积极发展金融服务业、现代城市服务业，做大做强总部经济、楼宇经济，全面提升国际化水平。如烟台、威海、青岛、日照可深入贯彻习近平总书记海洋强国战略思想和视察山东重要讲话精神，大力发展海洋经济，加快建设国际海洋名城。

山东半岛城市群内城市相互作用强度较低，空间经济联系较薄弱，仍未形成密切的、全覆盖的辐射网络结构。在空间上，呈现中部、沿海高，西部、南部低的整体格局，发展的不均衡性和层级化趋势明显，制约了整个城市群经济的融合发展。加上整体专业化水平较低，具备较强外向功能的部门、城市数量较少，大多数城市的城市流强度较低，济南作为核心城市的地位不够明显，仍未形成联系密切的高密度城镇群体，对周边城市的辐射带动不强。山东省要提升整体经济联系水平，优化经济联系网络结构，需着力完善高速铁路、城际铁路、高速公路建设，将济南、青岛打造成集水、铁、公"三路一体"的交通枢纽节点城市，借力交通积极打造国家中心城市。注重引导济南、青岛两大经济圈的协调发展，结合毗邻日、韩及长三角、京津冀经济圈优势，搭建更多的功能性平台，促进优势产业向周围城市转移，增强资源共享力度，引进高水平人才，形成以"平台经济+创新经济"的发展模式，进一步带动、服务和辐射整个区域。各城市之间有必要打破行政区划藩篱,根据优势发展特色产业,全面强化服务业对经济增长的引擎作用,其中外向功能弱、城市流强度小、辐射能力低的城市更应该把握国家战略红利,积极接受较发达地区的产业转移,加强人流、物流、信息流、资本流、技术流的融会贯通,避免恶性竞争,通过项目、产业促成城市合作。通过全方位、多领域、广覆盖的多重举措提升山东半岛城市群发展层级,促进行之有效的发展战略落地生根,逐步实现经济网络结构合理化、高水平发展。

第三节 山东参与"一带一路"经贸合作情况

一 取得的成绩

"一带一路"沿线国家和地区拥有丰富的资源能源,山东积极融入,加强与"一带一路"国家的产业合作,能够为经济社会发展创造新的空间、开辟新的领域。作为我国的人口大省、经济大省、开放大省,尤其是在"一带一路"建设中,山东拥有巨大的发展潜力。

(一)产业合作现状

自党的十八大以来,习近平总书记首倡"一带一路",得到国际社会尤其是沿线国家的积极响应。自"一带一路"倡议提出后,山东省先后出台《山东省参与建设丝绸之路经济带和21世纪海上丝绸之路实施方案》《关于进一步做好境外投资合作工作的指导意见》《山东省深化与世界500强合作行动方案》《山东省对外劳务合作经营资格管理办法》《山东省企业境外投资管理办法》《建立"走出去"企业境外风险防范工作机制的意见》《山东省境外经贸合作区考核管理办法》等政策文件,山东以经贸合作为先导,围绕推进设施联通、强化贸易畅通、开展产业合作、深化能源资源合作、提升服务保障等方面为积极融入"一带一路"建设提供政策支持和规划引领。

近些年,在参与"一带一路"建设推动产业合作中,山东取得较为优异的成绩,以下的数字能够反映出山东与"一带一路"沿线国家或地区的产业合作密切程度。2022年上半年,山东与"一带一路"

沿线国家进出口5783.7亿元，比去年同期增长35.7%，占同期山东外贸总值的36.8%；其中，出口3113.4亿元，增长37.6%；进口2670.3亿元，增长33.6%。沿线国家在山东省实际投资90.4亿元，下降9.5%，占全省的6.6%。

以下介绍不同年份的情况，主要依据数据的可获取性，所以时间采用节点存在一定差异。2014—2018年，山东与"一带一路"沿线国家实现外贸进出口贸易额2.2万亿元，占同期全省的26.2%；对沿线国家实际投资405亿元，占同期全省的17.3%；对外承包工程完成营业额1979亿元，占同期全省的56.1%。

山东省与"一带一路"沿线国家的经贸合作潜力正在持续释放，成为拉动全省外贸发展的新动力。2020年1—8月，山东省务实推进与"一带一路"沿线国家经贸合作，取得积极成效。一是与沿线国家贸易合作实现稳步增长。山东与沿线国家实现外贸进出口4030.6亿元，同比增长7.5%，占全省的30.2%。其中，出口2271.9亿元，增长12.4%，占全省的30%。二是对沿线国家投资合作有序推进。山东对"一带一路"沿线国家实际投资124.4亿元，增长89.8%，占全省的30.1%。其中，产能合作领域实际投资47.4亿元，增长39%，占对沿线国家投资的38.1%。三是与沿线国家基础设施合作不断推进。山东对沿线国家地区承包工程完成营业额203.2亿元，占全省的54.5%。新签千万美元以上大项目73个。2020年上半年，山东省对"一带一路"沿线国家进出口2923.3亿元，同比增长4.4%，高出同期山东省整体增速7.6个百分点，占同期山东省外贸进出口总值的30.9%，较去年同期占比提高2.3个百分点，其中出口1628亿元，增长8.9%，进口1295.3亿元，下降0.7%。

（二）进出口特点

山东与"一带一路"沿线国家贸易显著好于全省整体，对"一带一路"沿线国家进出口逆势增长，成为稳定山东省外贸发展的重要因素。山东省与"一带一路"沿线国家的进出口主要呈现以下特点。

1. 以一般贸易进出口为主，对外承包工程出口货物大幅增长

2020年上半年，山东省以一般贸易方式对"一带一路"沿线国

家进出口2035.9亿元，增长1.2%，占同期山东省对"一带一路"沿线国家进出口总值的69.6%。同期，山东省以保税物流方式进出口482.8亿元，增长42.5%；以加工贸易方式进出口342.5亿元，下降14.9%。此外，对外承包工程出口货物34亿元，大幅增长1.9倍。同期，山东省对沿线国家出口电工器材、通用机械设备、自动数据处理设备、集成电路分别增长9.1%、28.4%、4.1倍、31.9倍。

2. 主要进出口市场为东盟、俄罗斯、印度和欧盟

2020年上半年，山东省与"一带一路"沿线国家贸易中，东盟为最大进出口市场，进出口达1234.7亿元，增长16%，占42.2%。此外，对俄罗斯进出口465.8亿元，下降4%，占15.9%；对印度进出口174.5亿元，下降13.7%，占6%；对欧盟进出口147.1亿元，增长7.4%，占5.1%；对上述4个国家和地区合计进出口占比达69.2%。

3. 机电产品、劳动密集型产品、农产品是山东省上半年主要出口商品，集成电路出口激增

2020年上半年，山东省对"一带一路"沿线国家出口机电产品705.2亿元，增长13.9%，占同期山东省对"一带一路"沿线国家出口总值的43.3%，其中，集成电路15.3亿元，增长34.9倍；出口劳动密集型产品199亿元，增长15.4%，占12.2%，其中出口纺织服装121.9亿元，下降2.2%；出口农产品180.5亿元，增长25.7%，占11.1%，其中出口蔬菜51.3亿元，增长44.3%，出口鲜、干水果及坚果35.5亿元，增长65.2%。

4. 原油为主要进口商品

2020年上半年，山东省自"一带一路"沿线国家进口原油612亿元，微增0.1%，占同期山东省自"一带一路"沿线国家进口总值的47.3%。进口机电产品152.8亿元，增长5.6%，占11.8%；进口农产品111.8亿元，与去年同期基本持平，占8.6%。

（三）产业合作的模式

1. 重点开拓沿线市场，打造外贸新业态

目前，山东省与"一带一路"沿线38个国家建立友城101对，与"一带一路"沿线45个国家建立友好合作关系城市190对。开展

疫情防控国际合作，与乌克兰、波兰等20多个国家开展视频连线，分享山东省防疫成功经验。烟建集团援建的斯里兰卡国家艺术剧院被誉为"中国政府赠送给斯里兰卡人民令人满意的珍贵礼物"。在发展友好关系基础上，山东着力打造对"一带一路"市场自主展会和重点展会平台，境外百展市场开拓计划中"一带一路"市场展会数量占到近四成，重点开拓中东欧、东盟、南亚等"一带一路"沿线市场，山东是最早在中东欧办展并升格为国家级展会平台的省份，先后成功举办了中国（山东）品牌产品中东欧展览会等重大活动。

2020年1—9月，山东围绕深度融入"一带一路"建设，聚焦新旧动能转换重大工程，推动对外投资合作实现平稳健康发展。一是对外投资增长势头良好。累计实际对外投资469.4亿元，增长56.2%。其中，对"一带一路"沿线国家实际投资141.8亿元，增长92.1%，占全省的30.2%。二是境外经贸合作区建设扎实推进。纳入商务部统计的13家境外经贸合作区完成投资23.6亿元，成为山东企业参与国际产能合作的重要平台。三是重点市场支撑作用明显。对外承包工程新签千万美元以上大项目85个，合同额364.3亿元，占全省的90.0%。亚洲市场新签合同额281.6亿元，占全省的69.6%。同时，山东积极发展外贸新业态新模式，持续挖掘贸易新增长点，推广"出口产业集群+国际自主品牌+知名电商平台+外贸综合服务企业+公共海外仓"五位一体发展新模式，组织参加第二届中国国际进口博览会。青岛市、威海市入选国家级跨境电商综试区，推动在菲律宾、俄罗斯等沿线国家建成9个跨境电商公共海外仓，在阿联酋等国建成5个省级公共海外仓，省级外贸新业态主体总数达到189家。

2. 聚焦国际产能合作，推动项目落地见效

山东积极推动一批有影响力的标志性产能合作项目落地实施。"一带一路"沿线国家因其较低的要素成本、丰富的原料以及产品出口欧美的优惠关税安排，成为山东省产能合作的首要承接地，在橡胶轮胎、纺织服装、化工冶金、电子家电、装备制造等领域推动一批有影响力的标志性产能合作项目落地实施。山东省对"一带一路"沿线国家实际投资累计达560亿元。2020年前三季度，山东对"一带一

路"沿线国家实际投资增长92.8%，占比超30%。烟台万华集团投资12.6亿欧元与匈牙利宝思德公司合作，是迄今为止中国在中东欧最大的投资项目。玲珑轮胎塞尔维亚项目总投资9.9亿美元，是塞尔维亚最大的中资项目。海信集团投资3.3亿美元收购斯洛文尼亚最大的家电企业Gorenje集团公司。蓝帆医疗投资8.8亿美元收购全球第四大心脏支架企业——新加坡柏盛国际集团，进军行业技术高端领域。纳入商务部统计的13家境外经贸合作区，9家布局在"一带一路"沿线国家，中欧商贸物流园、海尔鲁巴经济区等4家国家级境外经贸合作区全部位于"一带一路"沿线国家，初步形成纺织服装、精细化工、木材加工、家电等海外产业集群。

3. 坚持重点工程引领，深化基础设施领域合作

目前，山东推动成立山东海外工程建设发展联盟，青建集团、烟建集团等10家企业入选国际承包商250强。山东高速承建的塞尔维亚E763高速公路项目是中国—中东欧国家合作框架下首个付诸实施的基础设施领域合作项目。山东搭建央企合作平台，与中国承包工程商会连续6年举办山东—央企经贸合作对接会，借助央企的资金、技术、渠道优势"借船出海"。近年来，山东在电力、交通、建筑、石化等领域推动了一批重点合作项目，对外承包工程对"一带一路"沿线国家市场占比超过60%。2018年，山东与"一带一路"沿线国家对外承包工程完成营业额485.3亿元，增长2.5%，占全省的60.2%，新签合同额千万美元以上大项目55个。2019年第一季度，与"一带一路"沿线国家对外承包完成营业额109.5亿元，增长17.7%，占全省的54.1%，新签合同额千万美元以上大项目15个。

在基础设施联通方面，山东坚持陆海统筹发展，加快国际物流大通道建设，优化整合山东省欧亚班列资源，全省欧亚班列统一运营，加强省级统筹，拓宽山东开放大通道，打响"齐鲁号"欧亚班列品牌。组建山东省港口集团，海上航线近300条，数量和密度稳居北方港口首位。成立山东省机场管理集团，青岛胶东国际机场基本建成。成立全国首家地方多式联运发展企业联盟和"一带一路"陆海联动发展联盟，开通多式联运航线68条。持续推进中韩陆海联运，实现威

海—仁川"四港联动"物流一体化，截至 2020 年 9 月累计贸易额 15 亿美元。加强日照港对巴基斯坦卡西姆港卸煤码头的管理输出，支持岚桥集团推进巴拿马玛格丽特岛港扩建工程。进一步拓宽山东开放大通道，2020 年 5 月，山东省政府办公厅印发《关于加快民用机场建设发展的意见》，提出构建国际国内省内多枢纽、多层次、高效率的航线网络，大力开拓洲际直航航线，到 2025 年，达到 20 条以上。

4. 发挥重大活动平台优势，推动境外经贸合作区建设

山东省充分借助上合组织青岛峰会、首届中国国际进口博览会、第四届俄罗斯东方经济论坛、儒商大会、中国香港山东周、日韩山东周、欧洲山东商务周等一系列境内外重大活动平台和省领导出访及境外高层来访等优势，推动一批重点合作项目实施。持续挖掘贸易新增长点，获批济南、青岛等 7 个国家级跨境电商综试区。持续放大上合组织青岛峰会综合效应，山东省与青岛市共同研究制定了《中国—上海合作组织地方经贸合作示范区建设总体方案》，高水平推动中国—上海合作组织地方经贸合作示范区建设，开展了建设东西国际物流大通道调研，依托青岛口岸多式联运功能优势，按照"物流先导、贸易拓展、产能合作、跨境发展、双园互动"运作模式，确定首批 98 个境内外合作项目，打造面向上合组织国家的对外开放新平台。

注重搭建企业境外发展聚集平台，境外经贸合作区建设居全国前列。截至 2018 年年底，山东省在境外初具规模并纳入商务部统计的境外经贸合作区共有 13 家，13 家合作区累计投资 59.5 亿美元，入区企业 252 家，其中有 9 家布局在"一带一路"沿线。海尔集团巴基斯坦工业园是我国第一家境外经贸合作区，山东帝豪匈牙利中欧商贸物流园区成为我国在中东欧地区的重要商品展示交易物流平台。

山东高速、外经集团等企业发起成立"一带一路"管理基金，为企业在"一带一路"沿线国家和地区开展贸易、基础设施投资、海外并购等提供融资服务。先后与塞尔维亚乌济策市、美国纽约州中小企业发展总署、俄罗斯亚洲工业企业家联合会、温哥华经济委员会 4 个国家城市（机构）签署对外经济合作伙伴关系协议。力诺集团美国光

伏太阳能基地、浪潮集团苏丹非洲科技城超算中心、山东鲁源矿业有限公司刚果（布）钾盐资源基地5大基地，打造山东外经集团苏丹"中国·苏丹农业开发区"、中国重汽尼日利亚重卡汽车工业园、乌克兰商氏农业乌克兰农业园、山东域潇集团莫桑比克"中国（济南）工业园"4大海外产业园，搭建平台带动更多企业"走出去"。

二 产业合作存在的问题

（一）产业链联系不够紧密，产业合作层次偏低

第一，从山东输出产能来看，产业层次整体上偏低，主要集中在劳动密集型和资源密集型产业，与发达地区或者发达国家输出资金密集型、技术密集型、高端服务业密集型的产业层次相比，仍存在一定的差距。第二，山东推进"一带一路"产业合作层次偏低。以山东和东南亚国家的一些产业合作项目为例，虽然涉及众多行业，但主要停留在某个项目或者产品层面，没有达到产业链上下游紧密关联的程度，甚至在一些产业合作上，山东企业并不参与实际的生产运营，仅仅是以工程总承包的形式进行合作，这种既获利不多，也不利于提升整个项目的层次。

（二）金融市场欠发达，融资难问题突出

在山东推进"一带一路"建设的产业合作中，融资难是一个比较突出的问题，这其中存在多方面因素，其中不少因素不仅仅是山东独有的，而是参与"一带一路"建设的不同省份都会遇到的问题。从我国层面来看，目前缺少"外保外贷"和"外保内贷"等服务，导致固定资产在境外的海外园区入驻企业，不能获得国内商业银行的信贷支持，而中国银行的境外分支机构布局不合理、能力不足、银行全球授信体系不完善，企业的境外子公司不能利用国内母公司的信誉和授信额度，国内母公司不能为其境外子公司在中国银行境外机构贷款提供担保，企业境外投资形成的资产不能作为抵押担保在境内贷款等都导致企业面临融资难的问题。目前"一带一路"沿线国家和地区的金融市场整体上还不够完善，金融基础设施不够健全，缺乏完善的投融资保护体系，资本市场发展较为落后。不少国家主权信用风险评级较低，信用担保体系不健全，导致融资渠道单一，融资能力弱，融资成

本高。有些沿线国家和地区的金融市场没有开放，山东的外资很难进入。

（三）中国标准使用力度不强，技术标准对接困难

在"一带一路"产业合作中，有些国家不愿意甚至是拒绝使用中国标准，而更倾向于使用自己国家标准或者欧美国家标准，这导致山东"走出去"企业丧失主动权，为符合当地要求只能大幅提高成本，给企业带来沉重的负担。同时，"一带一路"标准化管理部门和适用标准五花八门，大大增加我们与其进行技术对接的难度。比如，在东盟国家中，除新加坡之外，其他国家的产品标准化较为落后，仅技术标准对接语言就有7种，涉及近3万项技术标准数量，展开山东与东盟的产业合作，从技术标准对接这一项来看，就有巨大的工作量和明显的复杂程度。

（四）沿线国家和地区投资风险高，营商环境亟待改善

有些"一带一路"沿线国家和地区是自然灾害高发区，一旦发生大的自然灾害，前期投入可能血本无归。有些"一带一路"沿线国家和地区的基础设施配套落后，技术水平比较低，工业生产能力比较弱；有些"一带一路"沿线国家和地区的法制不够健全，人治色彩比较浓厚，政府办事随意性大；有些"一带一路"沿线国家和地区的政治局面不够稳定，社会治安较差，甚至存在国际恐怖主义、宗教主义、民族分裂主义等势力及跨国犯罪等活动，这些都严重影响山东与"一带一路"沿线国家和地区的产业合作。另外，"一带一路"沿线国家和地区正是恐怖主义多发区域，这都给山东推进"一带一路"沿线国家和地区产业合作造成巨大的风险。根据尹美群等（2018）将"一带一路"沿线65个国家总体投资风险评价等级设置为AAA、AA、A、BBB、BB、B、CCC、CC、C、D十个等级，其中，没有处于AA及以上档次的低投资风险国家，处于A、BBB、BB档次的中等投资风险国家为35个，占比54%；处于B及以下档次的高投资风险国家达30个，占比46%。

小　结

本章从山东半岛城市群城市空间经济联系出发,通过自然环境概况和社会经济发展水平来展示了山东半岛城市群城市发展概况,并考察山东在全国经济结构版图中的发展态势。进而,利用外向功能量、功能效率、城市流强度来测度山东半岛城市群城市空间经济联系强度,因为本部分使用的主要是服务业数据,所以宏观层面所考察的服务业分工合作在此处得到的全面展示。为了进一步研讨山东半岛城市群城市空间经济联系,在本章也对山东参与"一带一路"经贸合作情况进行分析,这样,既有内部城市之间的沟通交流、分工合作,也有对外的分工合作,因此,这样的分析更加全面且系统。

通过分析,我们能够发现,在全国范围内,山东省城市制造业的专业化分工强度不断提高,专业化分工层次也有所增强,目前阶段的分工主要依赖于劳动和资本,对技术的依赖度相对不高。另外,各城市的城市流强度层次不够高,功能效率有所增长,但仍未达到预期的效果。从对外联系合作来看,仍存在产业链联系不够紧密、产业合作层次较低、投资风险比较高、融资难较为突出等问题,都亟待尽快解决。与其他较为发达的城市群比较能够发现,要想促进城市联系与分工合作,基础设施条件是基础的一环。另外,合理的城市功能分工有助于促进区域产业分工合作,多样化的分工合作模式能够成为加速区域产业分工合作的重要动力。只靠政府单向努力不能真正实现区域产业分工合作,只有政府和市场双向互动、有效结合才能更好地开展区域产业分工合作。

第六章

山东半岛城市群企业分工与企业网络：微观层面

第一节 山东半岛城市群企业发展特征

一 企业规模与布局特征

山东半岛城市群制造业发展势头迅猛，所以本节研究企业发展特征和第二节研究企业网络布局情况主要从制造业角度展开。随着我国经济从高速度发展阶段转入高质量发展阶段，山东的制造业企业也得到迅速发展，形成一批有实力的优质龙头企业，这些企业寻求在山东、全国乃至全球进行布局。

《财富》杂志每年发布一次《财富》世界500强名单，该名单被称为"终极榜单"，在衡量全球大型公司时具有很高的权威性。在2017年的榜单中，山东只有两家企业上榜，分别是山东魏桥创业集团和山东能源集团。其中，山东魏桥创业集团以营收561.74亿美元排名159，山东能源集团以营收292.99亿美元排名372。2018年，在此基础上，又有两家企业上榜，分别为兖矿集团和青岛海尔（海尔集团子公司），2018年，4家企业的排名依次为：山东魏桥创业集团有限公司185名、山东能源集团有限公司234名、兖矿集团399名、青岛海尔499名。2019年，依然是这4家企业进入世界500强行列，但名次较2018年普遍有了稳定上升。其中，兖矿集团升至318名，提高了81个位次。山东能源集团提升了23个位次，海尔智家提升了51个位次，只有山东魏桥创业集团以430.08亿美元的营业收入位列第273名，下降了88个位次。到2022年，山东共有6家企业上榜，分别是山东能源集团、山东魏桥创业集团、山东钢铁集团、海尔智家、潍柴动力以及山东高速集团，山东高速集团为2022年新上榜企业。

此次榜单上，山东能源集团以1200.12亿美元的营业收入位列榜单第69位，同比去年上升1位。山东魏桥创业集团位列第199位，其营业收入为637.39亿美元。紧随其后的是山东钢铁集团，位列第332位；海尔智家、潍柴动力分列第405位和第452位。作为今年新上榜企业，山东高速集团以311.36亿美元的营业收入位列第458位（见表6-1）。

表6-1　　2022年山东省企业入围《财富》世界500强情况

公司名称	营业收入（百万美元）	2021年排名	2022年排名	总部所在地
山东能源集团有限公司	120012.3	70	69	济南
山东魏桥创业集团有限公司	63738.6	282	199	滨州
山东钢铁集团有限公司	41318.7	384	332	济南
海尔智家股份有限公司	35278.2	405	405	青岛
潍柴动力股份有限公司	31556.2	425	452	潍坊
山东高速集团有限公司	31135.8	无	458	济南

资料来源：根据2022年《财富》世界500强并结合企业公报整理而得。

根据2022年《财富》中国500强名单，山东有22家企业入围，22家上榜企业累计营收17614.57亿元，比2021年的14334.17亿元同比提高23%。2022年《财富》中国500强上榜鲁企的前十名分别是海尔智家股份有限公司、潍柴动力股份有限公司、兖矿能源集团股份有限公司、万华化学集团股份有限公司、中国宏桥集团有限公司、山东钢铁股份有限公司、华电国际电力股份有限公司、中国重汽（香港）有限公司、歌尔股份有限公司、海信家电集团股份有限公司。从2021年营收来看，海尔智家排名第1位，营收2275.56亿元。潍柴动力排名第2位，营收2035.48亿元。第3位是兖矿能源，营收

1519.91亿元。除山东华鲁恒升化工股份有限公司成为新入榜成员外，2022年跻身榜单的其余21家山东企业中，有12家排名提升。万华化学以36%的净资产收益率，跻身资产收益率最高的40家公司。

除该排行榜外，由中国企业联合会、中国企业家协会发布的"2022中国企业500强"榜单的关注度也比较高。山东共有50家企业上榜。从上榜的50家企业来看，总部位于济南的有10家，东营有8家，青岛有6家，潍坊有5家，滨州有5家，烟台有3家，德州、临沂、淄博、济宁各有2家，菏泽、日照、泰安、威海各有1家，而枣庄、聊城2个城市的企业没有入围，说明这2个城市的企业实力还有待进一步提高。从企业上榜的这些城市来看，济南拥有的中国企业500强企业最多，第二是东营，第三是青岛，由此反映出济南、东营、青岛等城市的企业实力较为强劲（见表6-2）。根据从事的行业来看，仍然反映出山东的传统优势产业保持比较领先的位置，主要是化工、钢铁、家电、电子等行业。同时，也有一些新兴产业、新动能企业崛起，比如从事商务服务业的山东京博控股集团有限公司、山东海科控股有限公司等，这些企业的科技研发投入比较高，产品科技含量较高，在市场上能够拥有更强的竞争力。可见，在传统优势行业上，山东在全国也占据重要一席，同时，也有一些新兴行业开始崭露头角，如表征技术升级进步的医药、生物制品、医疗保健行业；计算机及相关产品行业；代表消费升级的纺织服装等。与东部沿海部分省份相比，山东的大型企业发展还存在一些不足，广东省进入中国企业500强的上榜企业数量为59家，上榜企业中，营收"千亿级"选手达到25家，成绩的获得主要与广东实施"腾笼换鸟"，加快产业转移步伐等一系列举措有关，推动广东有效促进地区工业摆脱"低谷"，迎来新的发展空间。

表6-2　　　2022年中国企业500强山东上榜企业排行榜

排名	全榜单排名	企业名称	总部所在城市	营业收入（亿元）	行业
1	23	山东能源集团有限公司	济南	7741.19	批发业

续表

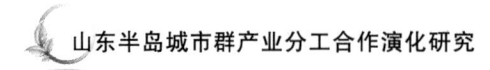

排名	全榜单排名	企业名称	总部所在城市	营业收入（亿元）	行业
2	64	山东魏桥创业集团有限公司	滨州	4111.35	纺织业
3	79	海尔集团公司	青岛	3327.37	电气机械和器材制造业
4	86	潍柴控股集团有限公司	潍坊	3055.98	商务服务业
5	98	山东钢铁集团有限公司	济南	2655.19	黑色金属冶炼和压延加工业
6	131	山东高速集团有限公司	济南	2008.36	道路运输业
7	157	海信集团控股有限公司	青岛	1695.53	资本市场服务
8	158	中国重型汽车集团有限公司	济南	1683.82	汽车制造业
9	179	万华化学集团股份有限公司	烟台	1455.38	医药制造业
10	201	山东东明石化集团有限公司	菏泽	1286.12	石油、煤炭及其他燃料加工业
11	221	南山集团有限公司	烟台	1158.28	有色金属冶炼和压延加工业
12	232	利华益集团股份有限公司	东营	1080.67	石油、煤炭及其他燃料加工业
13	236	万达控股集团有限公司	东营	1061.69	房地产业
14	246	晨鸣控股有限公司	潍坊	989	商务服务业
15	248	山东省国有资产投资控股有限公司	济南	965.32	商务服务业
16	268	永锋集团有限公司	德州	851.25	商务服务业
17	272	山东省港口集团有限公司	青岛	839.83	土木工程建筑业
18	297	青岛海发国有资本投资运营集团有限公司	青岛	792	建筑装饰、装修和其他建筑业
19	299	日照钢铁控股集团有限公司	日照	791.41	黑色金属冶炼和压延加工业
20	306	歌尔股份有限公司	潍坊	782.21	电气机械和器材制造业
21	308	水发集团有限公司	济南	770.38	水利管理业
22	310	华泰集团有限公司	东营	768.33	橡胶和塑料制品业
23	326	山东京博控股集团有限公司	滨州	709.34	商务服务业

续表

排名	全榜单排名	企业名称	总部所在城市	营业收入（亿元）	行业
24	327	山东海科控股有限公司	东营	701.32	商务服务业
25	331	青建集团	青岛	680.77	土木工程建筑业
26	364	天元建设集团有限公司	临沂	613.62	土木工程建筑业
27	365	山东金诚石化集团有限公司	淄博	611.9	石油、煤炭及其他燃料加工业
28	367	山东如意时尚投资控股有限公司	青岛	605.08	商务服务业
29	368	山东太阳控股集团有限公司	济宁	603.87	造纸和纸制品业
30	375	山东创新金属科技有限公司	滨州	589.55	金属制品业
31	381	富海集团新能源控股有限公司	东营	580.25	商务服务业
32	386	鲁力丽集团有限公司	潍坊	569.62	电力、热力生产和供应业
33	390	山东黄金集团有限公司	济南	563.39	有色金属冶炼和压延加工业
34	413	山东恒源石油化工股份有限公司	德州	522.17	石油、煤炭及其他燃料加工业
35	420	石横特钢集团有限公司	泰安	514.37	黑色金属冶炼和压延加工业
36	423	威高集团有限公司	威海	511.1	专用设备制造业
37	425	东营奇润化工有限公司	东营	508.84	化学原料和化学制品制造业
38	427	山东泰山钢铁集团有限公司	济南	506.37	黑色金属冶炼和压延加工业
39	428	山东齐成石油化工有限公司	东营	506.22	化学原料和化学制品制造业
40	432	山东九羊集团有限公司	济南	501.76	黑色金属冶炼和压延加工业
41	439	山东招金集团有限公司	烟台	496.27	有色金属矿采选业
42	440	恒丰银行股份有限公司	济南	495.28	货币金融服务
43	461	西王集团有限公司	滨州	475.13	农副食品加工业

续表

排名	全榜单排名	企业名称	总部所在城市	营业收入（亿元）	行业
44	464	山东渤海实业集团有限公司	滨州	474.28	商务服务业
45	476	华勤橡胶工业集团有限公司	济宁	459.63	橡胶和塑料制品业
46	479	沂州集团有限公司	临沂	458.09	非金属矿物制品业
47	487	山东汇丰石化集团有限公司	淄博	453.38	石油、煤炭及其他燃料加工业
48	488	山东寿光鲁清石化有限公司	潍坊	453.13	化学原料和化学制品制造业
49	496	山东金岭集团有限公司	东营	451.22	化学原料和化学制品制造业
50	499	济钢集团有限公司	济南	447.1	金属制品业

注：笔者根据"2022中国企业500强"榜单及各企业年报整理而得。

从国际国内经验看，政府是支配公共资源的重要力量。然而仅仅依靠政府并不能完全实现公共资源配置的合理优化，此时可以借助社会其他力量的参与。有必要探索构建"资源整合、互利共享"机制，提高社会资源利用效率，弥补公共服务发展过程中资源利用的不平衡性，提高设施利用率。在大数据时代，利用现代智能互联网技术和信息系统，在多元主体间形成便捷、畅通、时效性的沟通交通平台，各主体在平台上传输、分享知识与信息，通过合作交流促进效益的最大化（李春根、李志强，2016）。珠海移动斗门分公司员工挂职当地居委会一把手，利用公司的资源和技术，支持所在社区的信息化建设。上海市杨浦区依靠"三区联动、创新驱动"理念，实现区域内公共资源整合。三区联动即大学校区、科技园区、公共社区融合发展的运作格局，有利于突破地方政府和高校、科研院所之间的条块限制，充分整合地区、高校和科技园区的优势资源，促成人才的柔性流动以及创新要素的融合发展。上海市杨浦区先后建成10多家专业化大学科技园，汇集技术的同时吸引企业的自发集聚；推动社区与大学开展文化项目的有效互动；启动隔代教育区校联动公共服务项目；利用区属医疗资源帮带社区卫生服务中心；发展商业性体育俱乐部，实现资源增量；利用现有公园、绿地、广场设施增加体育设施等。

二 企业总部布局特点

伴随商业园区、中心商务区（CBD）的发展，总部经济逐渐形成。具体内涵是指某个地区基于自身的优势资源，吸引企业总部在此集聚布局，通过"总部—制造基地"功能链条辐射带动生产制造基地所在地区的发展，实现不同地区之间的分工合作，有助于优化配置资源。通过发展总部经济，能够带动该地区税收效应、产业乘数效应、消费效应、社会资本效应等多种经济效应。尤其是大量该地区之外的企业甚至国外企业在该地区布局，有助于促进多种文化的融合，提高该地区的知名度，提高国际化进程和综合竞争力。

根据《中国总部经济发展报告（2013—2014）》对全国35个主要城市总部经济发展能力的评价，山东被考察的城市只有青岛、济南，且青岛、济南在全省总部经济中排到了前两位。其中，济南以47分排在第14名，青岛以49分排在第12名，排在35个城市的前列。在山东，相比其他城市，济南、青岛在吸引企业总部上具备明显优势，以济南为例，2018年12月，济南出台《济南市鼓励总部经济发展的若干政策》，政策涵盖引进奖励、成长激励、人才保障、用地支持等多方面，伴随这些政策，许多企业总部选择来到济南、扎根济南，世界500强企业、全球最大的应用软件供应商SAP（思爱普）山东分公司落户济南，与济南合作建立"中国北方智慧企业赋能中心"。截至2022年9月，济南已经认定227家总部企业，其中2019年认定141家，2020年认定38家，2021年认定31家，2022年认定17家，包括中国重汽、浪潮集团、中粮可口可乐、通用技术集团等重量级企业，新兴产业超过一半，这些总部企业以不到1/10000的市场主体占比，贡献了超过1/10的地方税收，尤其是金融业已经发展成为济南的支柱产业和重要纳税行业，明显增强了济南在山东半岛城市群中的区域性金融中心地位。青岛港连接世界180多个国家和地区的700多个港口，青岛胶东国际机场通航覆盖全球126座城市，青岛的投资贸易合作遍及230个国家和地区，与111个城市（省州、机构）建立经济合作伙伴关系。另外，青岛制订了《青岛市打造国际门户枢纽城市五年规划（2022—2026年）》和《三年行动方案（2022—2024年）》，未来五年，主要通过提升综合交通枢纽功能、提升投资贸易集聚能力、提升重大平台开放能级、提升国际交往合作水平四个方面推动国际门户枢纽城市建设，目前已从过去以制造业为主向金融保险、现代物流、文化创意、科技信息、商务服务业等产业延伸。和山东其他地市相比，青岛、济南的总部经济走在前列，但和北京、上海相比，仍有不小的差距。目前，有2/3的世界500强企业在北京投资或设立分支机构，截至2018年年底，上海仅浦东新区一个区就集聚各类总部企业超过600家，其中跨国公司地区总部为304家。由此对比能够确定，山东半岛城市群的总部经济发展任重道远。

三 城市间产业合作潜力

产业结构通常包含产值结构和就业结构，区域间产业结构的差异能够直接推动产业联动，可采用产业合作潜力模型测度城市产业合作潜力系数 L_{ij}。

$$L_{ij} = \lambda \prod_{i=1}^{2} exp(abs(x_i - y_i)) / \sqrt{d_{ij}} \tag{6.1}$$

式（6.1）中，i 取值为 1、2，x_1、y_1 表示 i、j 两城市某制造业行业产值占山东省该制造业行业产值的比例；x_2、y_2 表示 i、j 两城市某制造业行业从业人员占山东省该制造业行业从业人员的比例，d_{ij} 表示 i、j 间的距离，取城市间的直线距离，λ 为权重系数，根据产业转移规律，多取 x_1、y_1 中的较小值。

济南是山东省省会，是核心城市之一，所以通过计算其他15个地级及以上城市的26个制造业行业与济南的产业合作潜力系数能够较大程度揭示山东半岛城市群城市间合作潜力。本部分以 $L_{ij}<0.001$、$0.001 \leq L_{ij}<0.005$、$L_{ij} \geq 0.005$ 作为评价城市间产业合作潜力弱、中、强的依据。城市间的产业合作潜力整体系数普遍处在中等水平，其中最高的济南—淄博，达到0.0049，除此之外，济南—泰安的产业合作潜力为0.0046，济南—德州、济南—聊城、济南—滨州的产业合作潜力系数均约为0.0043，在形成的15个组对中的排前5位，反映出济

南、淄博、泰安、德州、聊城、滨州之间的联系较为紧密，合作潜力得到较充分的发挥。而产业合作潜力系数值低于0.002的组对主要有济南—枣庄、济南—日照，固然与彼此之间距离较远有关系，但也能反映出日常经济联系不够紧密的客观现实。

从具体行业来看，有7个城市的金属制品业合作潜力强，有5个城市的通用黑色金属冶炼和压延加工业，通用设备制造业、汽车制造业，电气机械和器材制造业的合作潜力强，有4个城市的酒、饮料和精制茶制造业，印刷和记录媒介复制业的合作潜力强，有3个城市的计算机、通信和其他电子设备制造业的合作潜力强。也有少数城市在木材加工和木、竹、藤、棕、草制品业，医药制造业，非金属矿物制品业，专用设备制造业，铁路、船舶、航空航天和其他运输等领域有较强的合作潜力，说明这些行业的合作较为紧密，已经展现出较明显的合作潜力。而农副食品加工业；食品制造业，纺织业，家具制造业等12个行业的合作潜力都不够强，说明城市间在这12个行业上的合作没有得到充分开发，未来仍具有较大的开发空间，可将其作为合作发展的重点方向之一（见表6-3）。在合作潜力强的行业数量上，淄博、泰安、德州、聊城的行业数量多，城市间合作潜力较强。而枣庄、东营、济宁、威海、日照、临沂、滨州、菏泽的行业数量少，有些甚至为0，反映出这些城市与济南的产业合作较少，合作潜力不够大。

表6-3　　2018年山东省城市间制造业行业合作潜力情况

	强	中	弱	产业合作潜力值及排序
青岛（5强15中6弱）	C33、C36、C37、C38、C39	C14、C15、C21、C23、C24、C25、C26、C27、C28、C29、C30、C31、C34、C35、C40	C13、C17、C18、C20、C22、C32	0.0027812（11）

续表

	强	中	弱	产业合作潜力值及排序
淄博（9强13中4弱）	C15、C23、C27、C30、C33、C34、C35、C38、C40	C14、C17、C18、C21、C22、C24、C25、C26、C28、C29、C31、C36、C39	C13、C20、C32、C37	0.0049291（1）
枣庄（0强12中14弱）	无	C14、C15、C21、C23、C26、C29、C30、C33、C34、C35、C38、C40	C13、C17、C18、C20、C22、C24、C25、C27、C28、C31、C32、C36、C37、C39	0.0014939（14）
东营（1强13中12弱）	C33	C14、C17、C22、C23、C25、C26、C27、C28、C29、C30、C35、C38、C40	C13、C15、C18、C20、C21、C24、C31、C32、C34、C37、C39、C40	0.0036334（6）
烟台（3强14中9弱）	C36、C39、C40	C14、C15、C21、C23、C26、C27、C28、C30、C31、C33、C34、C35、C37、C38	C13、C17、C18、C20、C22、C24、C25、C29、C32	0.0024136（12）
潍坊（4强18中4弱）	C33、C34、C36、C39	C14、C15、C17、C21、C22、C23、C24、C25、C26、C27、C28、C29、C30、C31、C35、C37、C38、C40	C13、C18、C20、C32	0.0035384（7）
济宁（0强21中5弱）	无	C14、C15、C17、C18、C21、C22、C23、C24、C26、C27、C28、C29、C30、C31、C33、C34、C35、C36、C37、C38、C40	C13、C20、C25、C32、C39	0.0033301（8）
泰安（9强13中4弱）	C15、C23、C30、C31、C33、C34、C35、C38、C40	C13、C14、C17、C18、C20、C21、C22、C24、C26、C27、C29、C36、C37	C25、C28、C32、C39	0.0045689（2）

续表

	强	中	弱	产业合作潜力值及排序
威海（0强13中13弱）	无	C14、C15、C23、C27、C30、C33、C34、C35、C36、C37、C38、C39、C40	C13、C17、C18、C20、C21、C22、C24、C25、C26、C28、C29、C31、C32	0.0020988（13）
日照（1强4中21弱）	C36	C15、C23、C30、C31	C13、C14、C17、C18、C20、C21、C22、C24、C25、C26、C27、C28、C29、C32、C33、C34、C35、C37、C38、C39、C40	0.0013296（15）
临沂（2强19中5弱）	C15、C31	C14、C17、C20、C21、C22、C23、C24、C26、C27、C28、C29、C30、C33、C34、C35、C36、C37、C38、C40	C13、C18、C25、C32、C39	0.0032869（9）
德州（10强14中2弱）	C15、C20、C23、C27、C31、C33、C34、C36、C38、C40	C14、C17、C18、C21、C22、C24、C25、C26、C28、C29、C30、C35、C37、C39	C13、C32	0.0043427（3）
聊城（6强15中5弱）	C23、C31、C34、C36、C38、C40	C14、C15、C17、C18、C21、C22、C24、C26、C27、C28、C29、C30、C33、C35、C37	C13、C20、C25、C32、C39	0.0043198（4）
滨州（2强13中11弱）	C31、C33	C14、C15、C17、C21、C22、C24、C25、C26、C27、C28、C30、C34、C36	C13、C18、C20、C23、C29、C32、C35、C37、C38、C39、C40	0.0042755（5）

续表

	强	中	弱	产业合作潜力值及排序
菏泽（0强18中8弱）	无	C14、C15、C17、C21、C23、C25、C26、C27、C28、C29、C30、C33、C34、C35、C36、C37、C38、C40	C13、C18、C20、C22、C24、C31、C32、C39	0.0030307（10）

注：字母表示的行业代码同表4-1。

第二节　山东半岛城市群企业网络布局情况

一　制造业强市的特点

截至2021年年末，山东工业十强城市依次为青岛（11384.5亿元）、潍坊（10929.1亿元）、滨州（9090.3亿元）、烟台（9005.1亿元）、东营（8774.4亿元）、济南（8335.9亿元）、临沂（6199.2亿元）、淄博（6037.5亿元）、菏泽（5148.7亿元）、济宁（4612.7亿元）。目前最新的数据，山东共有两座城市的规上工业总营收突破了万亿元。

再根据中国企业500强山东上榜企业分布情况来看，各个企业的子公司遍布山东各地，甚至在其他省市及海外都有企业布局。根据企业总部及各子公司的布局情况，济南、东营、青岛三个城市在制造业建设方面占有较明显优势，从济南、青岛具体情况看，主要在于济南、青岛作为山东半岛城市群的两个核心城市，拥有多种资源，各类基础设施完善，经济要素集聚、扩散迅速，科技实力雄厚，吸引人才力度大，在全省优势地位突出。2018年，济南工业全部行业发展保持稳定，在规模以上工业41个大类行业中，有24个行业增加值实现增长，增长率为58.5%。2019年济南市《政府工作报告》鲜明提出要实施"工业强市"战略，这是在时隔15年后，济南再次发出通过工业促进城市做大做强的号召，并在2019年年初以中央一号文件印发《促进先进制造业和数字经济发展的若干政策措施》，从资金、优惠政策等入手，全力为济南先进制造业和数字经济的高质量发展保驾护航。2021年，济南第二产业增加值3964.1亿元，增长3.6%，"智造济南"赋能工业升级，规模以上工业高技术制造业增加值增长17.2%，高于规模以上工业11.3个百分点，对增长的贡献率为49.9%。规模以上工业高端装备制造业增加值增长13.5%，重点产品工业机器人、光缆产量分别增长25.6%、68.7%。2022年9月，在济南召开2022世界先进制造业大会，为提振市场信心、推动制造业发展打造了优质平台。

作为培育了海尔、海信、澳柯玛等知名品牌的青岛是制造业大市、强市，促进制造业高质量发展一直是青岛制造业发展的重要目标。2019年8月，《中国（山东）自由贸易试验区总体方案》出台，其中提到青岛片区将重点发展先进制造业。青岛拥有通用五菱、海尔中央空调、正大制药、海尔滚筒洗衣机等30余家重点先进制造业企业。2019年以来，协同式集成电路制造、中电科高端智能仪器产业园、100亿瓦时新能源电池等重点项目陆续落地，智能制造、生命健康、新能源新材料、家电电子、汽车和仪器仪表等先进制造业引领的新产业体系正在形成（李沛等，2019）。2021年，青岛第二产业增加值5070.33亿元，增长6.9%，智能家电和轨道交通装备产业集群成功入选国家先进制造业集群，战略性新兴产业增加值占规模以上工业比重达24.5%。截至2022年10月，青岛境内外上市企业总数达到77家。

东营是国务院批复确立的黄河三角洲中心城市，我国重要的石油基地。作为我国第二大油田——胜利油田的主产区和所在地，东营因油而建、因油而兴，培育形成了石油化工、橡胶轮胎、石油装备、有色金属等主导产业集群。2021年，东营第二产业增加值为1988.43亿元，增长9.5%，全年"四新"经济增加值比上年增长24.5%，占GDP比重达到19.6%，比上年提高1.1个百分点。传统动能改造升级，"减油增化"取得重大突破，化工行业对工业增长的贡献率超过炼油行业，成为拉动工业增长第一动力。

处于第二梯队的是滨州和潍坊两个城市。滨州市的高端装备制造业和新材料产业发展态势良好，已初步形成一定规模和技术水平的产业体系，集聚经济效应明显，汽车零部件、数控机床、石油机械、化工新材料、先进纺织材料等领域的多个企业处于行业的领先地位。2021年，滨州第二产业增加值1212.01亿元，增长8.0%。滨州积极培育壮大新动能，战略性新兴产业、高技术制造业增加值分别增长15.2%、42.8%，分别高于规模以上工业增加值5.9个、33.5个百分点。高新技术产业产值比上年增长28.0%，占规模以上工业产值比重达42.0%，比上年提高1.4个百分点。再看潍坊综合实力，2018年9月，山东省品牌建设促进会公布2018年度山东省制造业高端品牌培育企业品牌价值500强名单，潍坊有6家企业进入榜单行列。潍坊在机械、纺织等领域，已经形成千亿级规模的产业集群，潍柴动力、歌尔声学、豪迈科技、雷沃重工等大批潍坊企业创造了一个个国内第一，向全国乃至世界证明中国制造的实力。2018年《关于印发全省新型城镇化建设近期工作要点的通知》（以下简称《通知》）发布，《通知》指出要深入实施山东半岛城市群规划，开展青岛都市圈发展战略研究，打造"两圈四区"总体格局。其中，青岛都市圈由青岛、潍坊2市和烟台市莱阳市、海阳市构成。潍坊被划入青岛都市圈，有助于促进两个城市之间的紧密合作，给潍坊发展带来更多机遇。2021年，潍坊第二产业增加值为2831.4亿元，增长10%，潍柴动力入选世界500强，10家企业入选中国制造业企业500强。现有省级制造业单项冠军83家，省级"隐形冠军"企业64家；国家级制造业单项冠军17家、"专精特新"小巨人企业27家；省级瞪羚企业107家、"专精特新"中小企业304家、独角兽企业1家、新跨越民营企业1家，制造业核心竞争力比较强。

烟台处于城市制造业发展中的第三梯队，烟台地理位置优越，海洋资源充足，因工而强，作为我国近代民族工业的发祥地之一，烟台的工业体系门类齐全、配套完善，在全市经济中，制造业占据"半壁江山"，目前已经形成装备制造业、电子信息产业、有色及贵金属加工产业、食品产业、汽车产业、高端化工产业等产业集群，被认定为

"山东省高端装备产业（船舶及海洋工程装备）制造基地"，根据GDP测算地级市30强城市中，烟台排到地级市第8名，在省内地级市中排名第1位（济南、青岛作为副省级城市未参选）。根据烟台市国民经济和社会发展统计公报数据，2021年，烟台第二产业增加值为3598.5亿元，增长6.7%，"四新"增加值占地区生产总值比重达33.7%，比2020年提高2.2个百分点。高新技术产业产值占规模以上工业总产值的比重为58.3%。在制造业强市战略驱动下，烟台市培育出绿色石化、有色及贵金属、高端装备、电子信息4个千亿级和汽车、食品精深加工、生物医药、清洁能源4个百亿级产业集群，形成了开发区化工新材料、蓬莱海上风电装备、福山汽车零部件、龙口高端交通铝材、芝罘环境控制装备5个省级特色产业集群，生物医药产业、先进结构材料产业入选全国首批国家级战略性新兴产业集群，烟台被国务院认定为"全省工业稳增长和转型升级成效明显市"。随着烟台北部海岸德龙烟铁路的开通、西港区和潮水机场的建成，有力地推动烟台北部六百多公里海岸线向内陆打开，烟台招商引资的空间进一步拉大，中韩（烟台）产业园的建设将为烟台带来更多的商机。

二 企业空间分布特征

在企业性质、战略思路、部署规划等各种因素影响下，不同的企业形成不同的空间组织网络，有些大型企业已经发展成为全国布局模式或全球布局模式。同时，还有一些企业仍主要在本省市范围内开展活动，接下来列举部分具有代表性的企业，以此探索山东省制造业企业在空间布局中的特点。

表6-4　2021年《财富》中国500强山东上榜企业排行榜

排名	全榜单排名	企业名称	营业收入（亿元）	利润（亿元）
1	52	兖州煤业股份有限公司	2149.92	71.22
2	53	海尔智家股份有限公司	2097.26	88.77
3	56	潍柴动力股份有限公司	1974.91	92.07
4	112	中国重汽（香港）有限公司	981.98	68.51
5	129	山东钢铁股份有限公司	873.17	7.23

续表

排名	全榜单排名	企业名称	营业收入（亿元）	利润（亿元）
6	131	中国宏桥集团有限公司	861.45	104.96
7	153	万华化学集团股份有限公司	734.33	100.41
8	178	山东黄金矿业股份有限公司	636.64	22.57
9	181	浪潮电子信息产业股份有限公司	630.38	14.66
10	199	歌尔股份有限公司	577.4274	28.4801
11	275	海信视象科技股份有限公司	393.15	11.95
12	294	山东恒邦冶炼股份有限公司	360.53	3.66
13	309	山东高速路桥集团股份有限公司	344.37	13.39
14	335	山东晨鸣纸业集团股份有限公司	307.37	17.12
15	372	青岛啤酒股份有限公司	277.6	22.01
16	379	瑞康医药集团股份有限公司	272.04	2.61
17	399	淄博齐翔腾达化工股份有限公司	246.86	9.76
18	429	山东南山铝业股份有限公司	222.99	20.49
19	440	山东太阳纸业股份有限公司	215.89	19.53
20	499	鲁西化工集团股份有限公司	175.92	8.25

注：根据 2021 年《财富》中国 500 强整理而得。

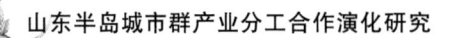

经过对 2021 年山东的《财富》中国 500 强企业的空间布局进行研究（见表 6-4），可以将其划分为 4 种类型：

（一）资源依赖性

这类企业对金属、钢铁等各类资源的依赖性比较强，由此形成的企业空间组织网络也集中在相关资源比较丰富的地区，如兖矿煤业股份有限公司在国内的发展区域集中在山东、山西、陕西、内蒙古，在境外主要分布在澳大利亚的昆士兰州、新南威尔士州和西澳大利亚州；在加拿大萨斯喀彻温省拥有钾矿资源项目，主要布局在煤炭资源丰富的地区。

（二）省内布局型

受企业发展战略或企业从事行业性质的影响，有些企业主要集中在省内布局，如山东钢铁股份有限公司及子公司主要分布在济南市、淄博市、日照市、青岛市等山东省内地市，属于典型的省内布局型企业，且此类布局与这些地区钢铁资源丰富有密切联系，所以山东钢铁股份有限公司也属于资源依赖型企业。

（三）全国布局型

这类企业主要以山东省为企业总部所在地，向全国各地进行辐射，其中最典型的是瑞康医药集团股份有限公司，该企业是一家向全国医疗机构直销药品、医疗器械、医用耗材，同时提供医疗信息化、院内物流及医院后勤服务的综合医疗服务商。目前拥有130余家子公司、员工12000多人，销售网络遍布全国31个省、市、自治区，直接对42000多家医疗机构进行服务，业务基本覆盖所有规模以上国内外生产厂商的药械流通领军企业。如在浙江拥有浙江中蓝贸易有限公司、浙江拓城医疗器械有限公司、瑞康医药浙江有限公司、杭州雄郑贸易有限公司、宁波天脉健康管理有限公司等子公司；在江西拥有瑞康医药集团股份有限公司江西公司、江西瑞康时代医疗器械有限公司等子公司；在四川拥有四川兴科林药业有限公司、四川一风科技有限公司、四川瑞康一风医疗技术有限公司、四川瑞康亚孚技术有限公司等子公司。

（四）全球布局型

这类企业不局限于本省或全国的空间布局，而是在全球范围内建立子公司，加强业务、技术、人员往来，主要集中在计算机、家电行业。如海尔智家股份有限公司从20世纪90年代末进入国际化战略发展阶段，全力进军海外市场，从最开始就坚持"创牌"，以自由品牌出口，并创新性地提出"走出去、走进去、走上去"的"三步走"战略，如今海尔的产品已经销往全球100多个国家和地区，成功进入欧洲、美国前十大家电连锁渠道，并加快差异化国家并购的步伐，实现海外资源的快速扩张整合。目前，海尔已经在全球建立了"10+N"创新中心，覆盖五大洲、20余个国家和地区，拥有10大研发中心、29个工业园、122个制造中心，可迅速调动全球100万+研发、设计、制造、营销资源，实现了设计、制造、营销"三位一体"的网络布局。如浪潮电子信息产业股份有限公司的国际化业务已经拓展到全球

100多个国家和地区，目前已在美国、日本、拉美等多地设立研发中心和工厂，在海外26个国家设立分公司和展示中心。

三 企业网络关系形成中遇到的阻碍

（一）本地企业配套厂商不足

通过实地调研可知，山东企业普遍认为形成配套厂商非常重要，但是却少有企业与本地的配套厂商合作，很难形成高效的企业网络关系。造成这种问题的主要原因有两点：

1. *本地配套厂商少，多为同类产品的恶性竞争*

山东省有一定数量的产业集群，但其中一些集群并不是集团之间企业相互交流合作，或是集群内的上下游企业形成产业链，互促发展，而多为一个效益较好的产业，由一个大企业，以及在其周围的若干小企业组成。这些小企业的创始者多为看中这一产业的短期利益，离开大企业自立门户，由于其设备技术较为粗糙，通过低价来进入竞争，不仅一段时间以后会造成落后产能过剩，也会使一些高新技术企业研发新技术受阻。山东省一些地市发展较好的企业周边衍生出的是一批同类型企业，通过低价恶性竞争的小企业，而不是为其提供上下游配套，或是与其合作交流，互相提高发展的企业，这是山东一些地市产业集群存在的比较突出的问题。东阿阿胶集团周围的小阿胶厂就是典型例子，有些小厂家为了节省成本，甚至采用马皮、牛皮、骡子皮甚至皮革下脚料代替驴皮进行制作，产品质量很难保证，不仅使东阿县阿胶的整体质量很难得到保证，也延缓了阿胶行业的转型升级。

2. *本地配套厂商能级不高，联系不够*

山东省的中小企业发展情况并不乐观，导致了目前山东中小配套厂商能级不高，无法满足大企业的质量要求，而大企业之间由于缺少交流平台，对各自产品需求情况并不了解，使在山东省的企业之间互相配套的现象比较少。

（二）人才的匮乏

在人才资源成为第一资源的知识经济时代，人才尤其是高层次人才日益成为促进一个国家和地区经济、社会发展的重要力量。为更好地了解山东省高层次专业技术人才服务保障制度的落实情况，让人才引得来、留得住、用得活，笔者对中共山东省委党校（山东行政学院）学员进行了"关于山东省高层次专业技术人才服务保障制度"的问卷调查。本次调查在中青班、处级公务员班、科级干部班三个班次展开，共发放问卷185份，回收合格问卷173份，问卷合格率为93.5%，其中回收中青班合格问卷59份，占比34.1%；回收处级公务员班合格问卷87份，占比50.3%；回收科级干部班合格问卷27份，占比15.6%。

经过对回收问卷的处理分析，问卷的代表性比较理想。针对目前山东省高层次专业技术人才服务保障制度状况，有3.5%的学员认为非常健全，41.0%的学员认为比较健全，两者合计占比为44.5%。而选择一般、不健全的分别为84人、10人，占比分别为48.5%和5.8%，合计为54.3%，超过一半，说明有多于五成的被调查者认为当下人才服务保障制度不够理想，亟待改进（见表6-5）。在不同地区工作的学员的直观感受存在一定差异，滨州、济宁、日照、威海、潍坊、烟台、枣庄普遍认为目前山东省高层次专业技术人才服务保障制度比较健全，德州、菏泽、济南、临沂、青岛、泰安等城市普遍感觉人才服务保障制度一般，其他城市观点不一，但因为超过一半以上的调查样本来自济南，所以其他城市的被调查者的意见代表性不高，但也能在一定程度上反映出不同城市在实施高层次专业技术人才服务保障制度时存在差异，实施效果有高有低。

表6-5 被调查者对目前山东省高层次专业技术人才服务保障制度的直观感受

	非常健全	比较健全	一般	不健全	不清楚	合计
选择人数（人）	6	71	84	10	2	173
比例（%）	3.5	41.0	48.5	5.8	1.2	100

针对山东省高层次专业技术人才服务保障制度应涵盖的内容，从表6-6可以看出，被调查者普遍认为养老、住房、医疗、子女教育、

配偶工作、配套经费等都应该包含在内。其中，学员对子女教育、住房两个问题最为关注，分别有93.6%、91.3%的学员选择了这两个选项，也有超过80%的学员选择了配套经费、配偶工作、医疗三项内容，说明以上五方面是大家比较重视的方面，选择养老的有110人，占比为63.6%，虽然也有超过一半的人选择，但相比其他项目的重要性有所减弱（见表6-6）。在选择其他的21人中有14人填写了具体内容，他们认为成果转换政策、发展平台及上升空间、良好宽松的工作及制度环境、解决户籍问题、优化生态环境、提供有效的激励政策（如荣誉、奖励、休养机会、外出交流培训等）、全面的培养机制、社会受尊重程度、优越的学术氛围、明确的考核指标（如职称）等内容应该被列入高层次专业技术人才服务保障制度中，只有将具体保障机制落到实处，才能对高层次人才产生更强的吸引力。

表6-6　　　　　被调查者认为高层次专业技术人才服务保障制度应涵盖的内容

	已选（人）	比例（%）	未选（人）	比例（%）
养老	110	63.6	63	36.4
住房	158	91.3	15	8.7
医疗	144	83.2	29	16.8
子女教育	162	93.6	11	6.4
配偶工作	150	86.7	23	13.3
配套经费	151	87.3	22	12.7
其他	21	12.1	152	87.9

在关于企业的生产和创新情况的调研中，人才始终是企业最为关注的一点，也是企业在发展中普遍存在的"瓶颈"。从获取的资料及访谈结果来看，人才的缺失以及匮乏主要由以下几个原因造成：一是山东在吸引人才方面力度不大，一些好政策主要针对领军人物、突出人才，而忽视一般人才，基本没有针对一般人才如博士生的优惠政策，时间久了，对人才吸引力进一步降低。二是山东省提供的收入或

福利不具备较强的吸引力，和其他先进省份相比同等次人才福利待遇比较低，留不住真正的科研人才。三是山东本身人才造血能力差。山东目前人才总量偏小，高层次创新创业人才数量不多，且高学历、高职称、高技能人才所占比例相对偏低，人才队伍总体竞争力不强。从大专院校来看，山东虽然有146所普通高等学校，但整体层次不高，在一流大学建设高校（42所）和一流学科建设高校（95所）中，山东只有山东大学、中国海洋大学入围国家"双一流"世界一流大学A类建设高校，中国石油大学（华东）跻身世界一流学科建设名单，而江苏有15所高校上榜，湖北有7所高校上榜，陕西有8所高校上榜，反映出在人才培养与储备方面，山东自我造血能力不强（见表6-7）。四是技能型人才缺失。"中国制造"的转型升级，需要精益求精的工匠精神和踏实执着的技能人才，由于生活环境、个人追求等各种因素，技术人才多流入大城市，山东省各地市普遍存在高技术人才流失情况，且山东生活成本较高，进一步面临着所谓的"民工荒"难题。可见，山东要集聚高层次人才就要着力解决"缩手缩脚"、不作为、不敢为等问题，集聚更多社会资源，充分为高层次人才在山东创新创业就业提供良好的社会环境与公共服务。

表6-7　　　　我国部分省市"双一流"建设大学情况

名次	地区	"双一流"建设大学总数（所）	世界一流大学A类（所）	世界一流大学B类（所）	世界一流学科建设大学（所）
1	北京	34	8		26
2	江苏	15	2		13
3	上海	14	4		10
4	陕西	8	2	1	5
5	四川	8	2		6
6	湖北	7	2		5
7	广东	5	2		3
8	天津	5	2		3
9	湖南	4	2	1	1
10	辽宁	4	1	1	2

续表

名次	地区	"双一流"建设大学总数（所）	世界一流大学A类（所）	世界一流大学B类（所）	世界一流学科建设大学（所）
11	黑龙江	4	1		3
12	山东	3	2		1

资料来源：根据"双一流"、世界一流大学名单整理而得。

（三）创新氛围不足

没有形成创新氛围是目前山东半岛城市群产业转型升级的一大"瓶颈"。从单个企业来看，大企业由于其本身经济体量较大，在当地几乎没有竞争对手，同时由于规模经济效益，其经济收益在现阶段来说也十分可观，在这种情况下，容易导致其合作与竞争的意识不强，创新改革的动力不足，从而使其放慢转型升级的步伐。从企业整体层面来看，由于企业交流平台的缺失，导致企业之间的联系与信息的互通相对较少，无法通过企业之间的竞争意识来推动其创新。

政府对于企业创新的引导应该是多方面的，目前主要是一些资金及优惠政策的扶持，但事实上在创新环境的塑造、办事效率的提高等基础领域的服务是更为重要的。政府应从对企业的直接扶持与帮助逐渐转变为提供优质高效的服务型政府，为企业塑造良好的创新环境，鼓励企业协同合作，间接地为企业的创新转型提供帮助，使企业真正通过自己的能力发展壮大，这样的企业无疑将会拥有更长的生命周期。

（四）政策落地度不够

以山东省工业企业"亩产效益"评价改革为例，借此反映企业家及企业工作人员对实现工业高质量发展的一些看法与建议。笔者对"亩产效益"评价改革试点区县工业企业展开"亩产效益"评价改革调查，共发放调查问卷230份，回收合格问卷216份，问卷合格率为93.9%，问卷质量较为理想。从企业所属行业看，超过一半的企业属于其他行业，19.9%的行业属于装备制造业，13.4%的行业属于电机企业，而电子信息业、纺织服装业、木材家具业所属企业数量较少。

根据对选择其他产业的企业具体情况统计,主要来自化工产业、建筑业、海洋水产业、食品加工业、冶金业、橡胶塑料业、有机化学原料生产制造业、金属结构制造业、非金属矿业、仓储业、废弃资源综合利用业等行业,可以说涵盖了制造业的大部分范围。在企业"亩产效益"改革中,政府相关部门主要进行顶层设计,制订完善规划,并根据综合评价结果,对企业分类及工作开展情况进行动态管理。整体上,试点区县企业对政府在"亩产效益"改革中发挥的作用满意,但仍有18.5%的被调查者认为一般,9.3%的被调查者认为不好说,而持不满意态度的仅有0.5%(见图6-1),说明整体上政府所做工作得到企业的认可,但仍存在一些不足的地方,给政策制定者的启示是相关政策不应高高在上,而应始终保持触手可及、感同身受的温度。

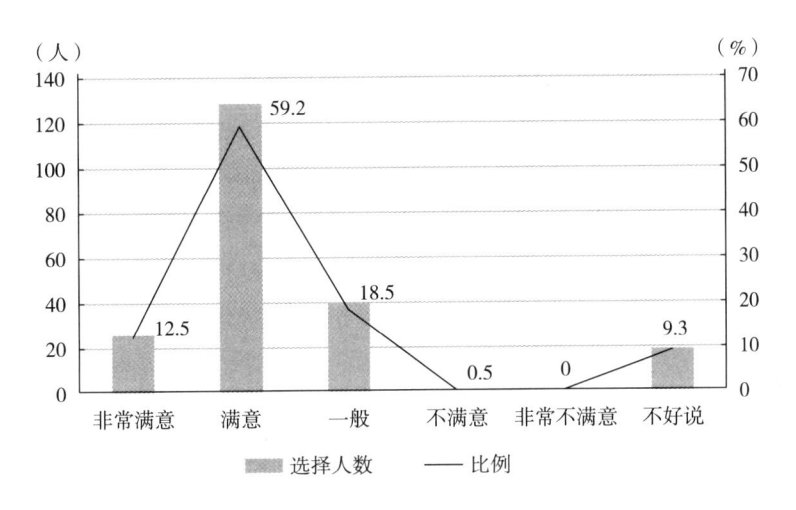

图6-1 被调查者对政府在"亩产效益"改革中发挥作用的满意度

有117个被调查者认为政府在"亩产效益"改革方面发挥的效力不够大,所以他们填写了不满意的原因,排名前四位的原因依次是优惠扶持政策缺乏(68.4%)、评价体系设置不够合理(35.0%)、后续保障不足(34.2%)、政策讲解不到位(31.6%)(见表6-8),说明政府"亩产效益"改革在这些方面的相关服务工作存在较明显不足。

表6-8 被调查者对政府在"亩产效益"改革中不满意的主要原因

	已选（人）	比例（%）	未选（人）	比例（%）
评价体系设置不够合理	41	35.0	76	65.0
优惠扶持政策缺乏	80	68.4	37	31.6
政策讲解不到位	37	31.6	80	68.4
服务效率低下	15	12.8	102	87.2
服务态度不佳	7	6.0	110	94.0
后续保障不足	40	34.2	77	65.8
其他	3	2.6	114	97.4

要帮助企业提高亩产效益，在"亩产效益"改革中获益，政府应该重点在提供税收优惠等优惠和扶持政策、资金奖励、改善基础设施、引进高层次专业人才方面多做文章（见表6-9），做好有关评价指标、政策措施的解读说明，优化政务服务流程，为企业发展提供便利，营造良好的营商环境。

表6-9 政府应在哪些方面支持企业提高"亩产效益"

	已选（人）	比例（%）	未选（人）	比例（%）
改善基础设施	96	44.4	120	55.6
提供优惠和扶持政策：如税收优惠等	175	81.0	41	19.0
资金方面的奖励	126	58.3	90	41.7
引进高层次专业人才	75	34.7	141	65.3
知识产权的保护	33	15.3	183	84.7
帮助寻找客户和合作伙伴	46	21.3	170	78.7
提高服务效率	53	24.5	163	75.5
加强宣传引导	43	19.7	173	80.1
其他	2	0.9	214	99.1

企业自身想发展壮大的诉求很强烈，作为政府相关部门应对企业的资金扶持加大力度，帮助企业做好知识产权保护、产品研发和人才引进等工作，精准分类施策，要坚持优胜劣汰，把效益差、污染大、

能耗高的企业淘汰出局，同行业强制合并，解决好优势厂家的产能、人员问题，让不好干的企业并入，人员也找到工作岗位，做到"腾笼换鸟"，为先进制造业留出成长空间。同时，加快出清低效用地，加大扶优扶强，推动工业经济转型发展，使企业更健康、更好的发展。在推动制造业发展过程中，要始终保持实事求是，体现激励导向。通过深入调查，确保政策到位，即时落实，尽快执行。流程设计要简单快捷，公开透明。政府还需要加大一定的培训力度，让企业真正了解改革内容及带来的好处，推动改革进行。保证评价结果的真实可靠，实现真改革，切实为企业谋福利。要综合、全面考虑政策的制定，让评价结果公平合理，真正起到推动高质量发展的目标。由此反映出，从长远来看，一系列类似"亩产效益"的改革对企业来说是好事，有利于企业更加了解自身，正视自身的短板和优势，更好地实现发展突破，有利于企业在新旧动能转换中再上新台阶。

第三节　山东半岛城市群产业分工合作的企业战略

一　企业发展面临的趋势

伴随科技水平和生产能力的提高，要推进产业创新发展，山东半岛城市群制造业企业应制定成长为骨干企业或500强企业的目标，将企业的产业培育成省内乃至全国的先导产业，要坚持利用高新技术对传统产业进行改造提升，促进传统产业新兴化。在新背景、新形势和新要求下，山东半岛城市群制造业企业发展面临着三个重要的发展趋势和机遇。

（一）"互联网+"

当今世界已经进入万物互联的时代，互联网对人类的生产生活产生重要的推动作用，并与许多领域形成融合发展的局面。2015年，我国制订"互联网+"行动计划。2016年，落实"互联网+"行动计划，增强经济发展新动力。2017年，全面推行"双随机、一公开"，增强事中事后监管的有效性，推进"互联网+政务服务"；深入推进"互联网+"行动和国家大数据战略等。2018年，"互联网+"广泛融入各行各业。2019年，全面推进"互联网+"，加快在各行业各领域推进"互联网+"；发展"互联网+教育"，促进优质资源共享；压减和规范督察检查考核事项，实施"互联网+督查"。近年来，国家又相应出台多项政策促进数字经济发展，如《"十四五"数字经济发展规划》明确指出，到2025年，数字经济迈向全面扩展期。

根据互联网与相关领域融合的特点和当前面临的主要问题，针对"互联网+"领域明确了多项重点发展任务。从2015年制订"互联网"行动计划到如今全面推进"互联网"，《政府工作报告》描述发生变化的背后，是企业不断转型升级、产业持续更新的映射。"互联网+"是互联网融合传统行业并且将其改造成具备互联网属性的新商业模式的一个过程。以"互联网+"深度改造传统行业，把原先分散的信息共享起来，促进互联网与各行业深度融合，进而助推经济转型升级，这是国家大力推进"互联网+"行动计划的深意所在。2019年7月，山东省工业和信息化厅印发《山东省深化"互联网+"先进制造业发展工业互联网的实施方案》，旨在推动工业企业降本提质增效，加快山东省新旧动能转换。如山东欧泰隆重工有限公司充分认识到"互联网+"的重要性，组建专门的电子商务部门，"抢占"阿里巴巴、亚马逊等多个电商平台，依靠"互联网+"实现了"老树开花"的功效。近年来，山东着力突破"工业互联网"，高水平建设山东半岛工业互联网示范区，深入开展"云行齐鲁工赋山东"行动，打造工业互联网综合服务平台。

"互联网+"代表着一种新的经济形态，企业和政府需要采用新的互联网思维来审视产业的创新和发展。位于济南市的世纪开元智印互联科技集团股份有限公司，是业内领先的"互联网+印刷"企业，借助印刷产业互联网平台，打通线上、线下渠道，形成以PC端、移动端、实体店为一体的全渠道服务网络，已服务超过700万中小微企业用户和2000万个人用户。互联网和金融的融合也在增多，山东省联社利用大数据分析模型研发"信e贷"产品，齐鲁银行利用小微企业涉税信息研发"税融e贷"产品等，在很大程度上满足了优质小微企业对融资的需求。由此可见，在"互联网+"背景下，山东半岛城市群的互联网经济仍拥有巨大的市场需求和发展空间。

（二）智能化制造

当前，全球正经历着一场互联网、物联网和传统产业三位一体的产业革命，以德国"工业 4.0"为代表的产业智能化趋势业已显露。同时，新的产业业态和商业模式层出不穷，并正成为全球产业再分工与再配置的重要力量。由此，世界各国纷纷提出新一代理念，以指导工业制造业的发展，并在数字化、智能化、网络化的大环境下，拉动传统制造向智能制造方向升级，满足未来市场更快速、更个性化的需求响应。

德国"工业 4.0"是以"智能制造"为发展目标建设"智能工厂"，智能制造是一项涉及多方面内容的系统工程，而智能工厂仅是智能制造的一个组成部分，其核心内容是实现信息流、物资流和管理流的合一。通过企业资源规划（ERP）系统、供应链管理软件、物联网和大数据的收集分析，做到每一个产品、零部件在生产的全流程中可以实时监控和管理。

2015 年 5 月，国务院正式发布我国实施制造强国战略第一个十年行动纲领——《中国制造 2025》，其核心内容之一便是智能制造。目前，山东半岛城市群已步入工业化中后期发展阶段，面对技术革新、降低成本、改善劳动环境等要求，越来越多的企业在转型升级中开始通过虚实结合的模式将机器人、3D 打印、互联网等自动化、智能化工具融入传统产业。

2021 年，山东省高新技术企业总数突破 2 万家，比上年增长 38.2%，创历史新高。高新技术产业产值占规模以上工业产值的比重为 46.8%，比上年提高 1.7 个百分点。"十强"产业中，新一代信息技术、新能源新材料、高端装备产业增加值分别增长 17.1%、32.2% 和 17.5%。在山东省公布的首批 100 家瞪羚企业中，有 26 家高端装备制造业，超过了 25%。事实上，"工业 4.0"的"机器换人"理念可破解其人力、成本方面的困局，但山东半岛城市群大部分制造业企业未实现自动化和数字化，尚处于"工业 2.0"阶段，许多中小企业对于投入一台价值不菲的机器人设备，仍存在对成本和收益权衡的顾虑。由此可见，山东省制造业企业对智能化制造产品的需求尚存挖掘空间。

（三）产业跨界融合

在科技革命和产业变革的背景下，产业技术相互渗透、产业跨界融合发展的情况变得越来越普遍。经济在发展过程中，我国出现部分行业产能过剩和库存过高、产业结构不合理、企业成本过大导致利润空间趋于临界值、企业创新驱动力不足的情况，所以，为实现经济高质量发展，我国提出要着力加强供给侧结构性改革，着力提高供给体系质量和效率，推动产业迈向中高端。当下产业发展已出现两个显著的变化趋势：

一是无法简单地采用"两分法"，将产业划分为"新"和"旧"、"新兴"和"传统"。二是无法简单地将产业区分为第一、第二或第三产业，产业趋向跨界融合发展。其中，制造业服务化是现今世界制造业发展的重要趋势之一，此类制造企业的核心竞争力不仅来自所生产的产品，还依赖于在产品基础上所提供的服务。由此可见，以产品加工、制造为核心的传统发展模式正在加快向基于产品提供综合服务模式的方向转变。

上海推行的"四新经济"模式，可为山东半岛城市群学习借鉴。"四新经济"模式是依托战略性新兴产业和高新技术，以市场为导向，以技术、应用和模式创新为内核的新型经济形态。2018 年 2 月，山东省发布《新旧动能转换重大工程实施规划》，其中的新动能是指新一轮科技革命和产业变革中形成的经济社会发展新动力，新技术、新产业、新业态、新模式等，表明山东已经迈开了"四新经济"的步伐，坚持推动制造业和服务业融合发展、跨越发展。2021 年，山东"四新经济"投资占比达到 51.2%，2022 年，"四新经济"投资占比提升。1—8 月，山东"四新经济"投资同比增长 14.5%，增速较 1—7 月提升 0.4 个百分点。分领域看，先进制造业、新型生活性服务活动、节能环保活动、现代综合管理活动投资增速较快，分别增长

15.7%、17.7%、23.4%、28.1%。从投资量看，这四项的投资合计占"四新经济"投资的比重为 87.1%。2022 年 8 月，国务院印发《关于支持山东深化新旧动能转换推动绿色低碳高质量发展的意见》，提出山东要继续深化新旧动能转换，着力探索转型发展之路。

如上汽通用东岳基地的建成投产带动烟台开发区成长为山东省最大的整车及动力总成生产基地，截至 2021 年 6 月，上汽通用东岳基地共生产整车 568 万辆，动力总成 1665 万台，实现产值 6198 亿元，贡献税收 471 亿元，出口整车 62 万辆，带动在山东省建厂的一级供应商超过 100 家，成为烟台经济技术开发区的龙头企业，并正向更大规模、更高质量迈进。到 2024 年，全区规划整体汽车产业年产值将超过 2000 亿元。"四新经济"实质是第二、第三产业的融合，是技术进步、信息化和产业变革的结合，可让更多的轻资产、高端制造和服务融合落地。因而，山东半岛城市群要顺应制造业和服务业融合发展的趋势，围绕制造业服务化，研究发展服务型制造，同时政府相关部门对制造业的管理思维和方式也需相应地发生转变。

二 潍坊郭牌农业科技有限公司分工合作战略

潍坊郭牌农业科技有限公司（以下简称"郭牌公司"）是一家集西甜瓜种苗研发培育与生产销售、西甜瓜标准化技术研究与推广、西甜瓜专用有机肥研发与生产的综合性企业集团。总部位于国际风筝之都——山东省潍坊市寒亭区"潍坊国家农业综合开放发展试验区核心区"。主要经营范围：农业技术的研发、咨询、推广；种植、包装、销售：瓜果、蔬菜、粮食；农产品、水产品、预包装食品、散装食品、化肥、农药；农作物种子的生产与销售；建筑工程、温室工程的施工、经营国家允许的货物进出口及技术进出口业务。公司内设综合管理部、财务部、生产部、西甜瓜研究院、项目部、工程部、销售部、运营策划部、基地管理部、国际事业部。拥有潍坊郭牌西瓜专业合作社、潍坊光合庄园农产品科技有限公司、山东千牧泮宫农业科技有限公司、山东夏沃农业科技有限公司等全资独立法人实体。

（一）分工基地布局

郭牌公司长期致力于西甜瓜的种苗研发与培育、标准化生产与销售、专用技术开发与推广。"郭牌"西瓜是由"大棚西瓜之父""西瓜大王"——郭洪泽创立的西瓜品牌。郭牌西瓜培育场成立于1980年，是改革开放后最早的大规模精品西瓜培育基地，其"郭"字牌商标注册于1993年，是国内最早的水果品牌之一。在此基础上，公司不断对西瓜品种进行改良，并按照标准化和绿色无公害要求，及时引进、研究和更新种植技术和生产工艺，创立了自己的一套生产规模和标准，生产的西瓜皮薄、瓤红、味甜、汁多、质脆，深受消费者青睐。"郭牌西瓜""麒麟西瓜""魔雷西瓜"已成为闻名遐迩的知名品牌。公司全部产品已通过中国绿色食品发展中心检测认证为绿色食品，早在2014年就通过了质量检验检疫局的包装厂备案和果园备案。

目前，过牌公司在山东潍坊、内蒙古巴彦淖尔、新疆昌吉、海南陵水、辽宁沈阳等地建有5个大规模精品西瓜培育基地、面积达7800亩，建有大型育种室、智能育苗棚、标准种植大棚等各类设施大棚1000余个，带动农户270余户。年产量达1.3万吨，产品主要销往北京、上海、广州、深圳、南京、杭州、哈尔滨等全国一、二线城市和出口到香港、韩国等地。郭牌西瓜成为潍坊第一个出口海外的西瓜品牌，2018年仅西瓜销售额就达1.2亿元。

为保证西瓜的优良品质，让农民种瓜放心，挣钱稳定，郭牌公司采取了"科研机构+公司+基地+市场营销体系"一条龙的生产和经营模式。即西瓜种到哪里，公司人员靠在哪里，技术研究和技术培训就推广到哪里。根据全国各地的不同地理和气候条件"踏着沙土地，跟着太阳走"并采取差异化的种植技术方案。确保了郭牌西瓜基地，建设一个成功一个，建设一个收益一方，受到当地群众一致好评。2019年公司在北京新发地农产品批发市场成立了"果品贸易公司"，从事西甜瓜及国内应季果品流通贸易，使"郭牌"西瓜站在了国内市场"制高点"，当年实现销售额5000万元。

（二）科技创新与国际交流合作

郭牌公司十分注重品种研发、培育和技术创新，每年投入几百万元技术研发资金。"郭牌西瓜"经过40多年的种植与研究，已独家研究出了优质的"早春蜜"西瓜新品种，并通过了种子登记备案经营许可证。郭牌公司先后研究并推广了花粉储存技术、西瓜防裂技术、规模化立式种植技术、对卷帘温室大棚在西瓜生产中的应用技术、西瓜四季立式种植集成等20余项新技术,其中12项申请了国家专利。"基于土壤栽培的西甜瓜智慧化管理"项目正在实施。2019年山东省科学技术厅在潍坊郭牌农业科技有限公司设立了"山东省院士工作站"和"山东省农科驿站"。为加大科技创新力度,郭牌公司设立了"一院一室两中心",即"潍坊郭牌西甜瓜研究院""潍坊市智能育苗重点实验室""潍坊郭牌西甜瓜育苗中心""潍坊市西瓜育种与栽培工程技术研究中心"。郭牌公司已制定内控标准70余项,其中公示企业标准20项。

为了保持"郭牌"西瓜的"领导者"地位,让"郭牌"产品走向世界,郭牌公司2018年成立"潍坊郭牌西瓜国际事业部"先后与英国诺丁汉大学生物科学研究院、日本奈良秋原农场、日本农协、国家西甜瓜产业体系联盟、北京农林科学院蔬菜研究所等国内外科研院进行了深入对接。采用英国诺丁汉大学的单倍体育种技术,组建了郭牌农业分子育种中心;与日本公司合作,引进国内首条"西瓜无损筛选检测分拣包装流水线"。该"流水线"能够实现对每一粒西瓜的外观、大小、规格、甜度、水分含量等做出科学精确的判断,可以彻底解决西瓜质量参差不齐、质量难辨这一长期困扰西瓜产业发展的大问题。同时可以倒逼种植环节尽快实现标准化,综合提高国产西瓜的品质。这些世界先进技术和现代设备的引进和应用,都能够对当地乃至全国西甜瓜产业发展带来重要影响。

三 海尔智家股份有限公司分工合作战略

山东半岛城市群有不少企业实行全国布局战略,如瑞康医药集团股份有限公司等企业,通过在省内布局联系,进而扩展到全国乃至全世界,对促进本企业的产业分工合作的重要价值是显而易见的。

(一) 公司简介

海尔集团创立于1984年,是全球领先的美好生活和数字化转型解决方案服务商。海尔始终以用户体验为中心,连续4年作为全球唯一物联网生态品牌蝉联"BrandZ最具价值全球品牌100强",连续13

年稳居"欧睿国际全球大型家电零售量排行榜"第一名，2021年全球收入达3327亿元，品牌价值达4739.65亿元。

海尔集团拥有3家上市公司，旗下子公司海尔智家位列《财富》世界500强和《财富》全球最受赞赏公司，拥有海尔Haier、卡萨帝Casarte、Leader、GE Appliances、Fisher & Paykel、AQUA、Candy七大全球化高端品牌和全球首个场景品牌"三翼鸟THREE WINGED BIRD"，构建了全球引领的工业互联网平台卡奥斯COSMOPlat和物联网大健康生态品牌盈康一生，在全球设立了10+N创新生态体系、71个研究院、30个工业园、122个制造中心和23万个销售网络，旗下海创汇创业加速平台孵化了7家独角兽企业、102家瞪羚企业、71家专精特新"小巨人"。

海尔集团聚焦实体经济，布局智慧住居、产业互联网和大健康三大主业，致力于携手全球一流生态合作方，持续建设高端品牌、场景品牌与生态品牌，以科技创新为全球用户定制个性化的智慧生活，助力企业和机构客户实现数字化转型，推动经济高质量增长和社会可持续发展。

（二）六个战略阶段

1. 名牌战略阶段（1984—1991年）

1984年，张瑞敏带领新的领导班子来到青岛电冰箱总厂，当时冰箱厂已经亏空147万元，张瑞敏到农村大队借钱才使全厂职工过了年。1985年，为了唤醒职工的质量意识，张瑞敏带头亲手砸毁了76台有质量问题的冰箱，并明确提出"创优质、夺金牌"的目标，制定了"名牌战略"。1987年，在世界卫生组织进行的招标中，海尔冰箱战胜十多个国家的冰箱产品，第一次在国际招标中中标。1988年，原国家经济委员会开始评选"国家优质产品奖"。青岛电冰箱总厂生产的琴岛—利勃海尔牌四星级BCD-212升双门电冰箱参加评选，以优异成绩一举获得了中国电冰箱行业的第一块"国家优质产品奖"金牌。在获得金牌与银牌的13家企业中，海尔创业时间最短，只有四年。1989年，市场发生波动，消费者持币代购，很多冰箱厂家降价销售，这时海尔凭借高质量创出的品牌效应，提价12%，仍然受到用户抢购。1990年，海尔先后获得国家颁发的"企业改革创新奖（风帆奖）""全国企业管理优秀奖（金马奖）""国家质量管理奖"，为今后规模的扩张与腾飞积蓄了管理经验与管理人才。

2. 多元化战略阶段（1991—1998年）

1991年11月14日，经青岛市政府批准，青岛空调器厂和青岛电冰柜总厂整体划入海尔，成立"琴岛海尔集团"。由此，海尔从"名牌战略阶段"进入"多元化发展战略阶段"。1992年，海尔抓住机遇，在青岛市东部高科园征地800亩，开始建设中国家电行业的第一个工业园。1993年，海尔股票（600690）在上海证券交易中心挂牌上市，筹集到的资金使海尔工业园得以顺利建成。20世纪90年代初，海尔开始探索员工自主管理，冰箱二分厂门封条班组从全厂第一个"免检班组"升级为全厂第一个"自主管理班组"。1994年，时任青岛电冰箱总厂二分厂厂长、现任海尔集团董事局主席、首席执行官的周云杰撰写文章《跨越另一种高度》鼓励员工创新。1995年，原红星电器有限公司整体划归海尔，短短三个月实现扭亏为盈。海尔以"吃休克鱼"的方式，通过输入海尔文化，盘活被兼并企业，使企业规模不断扩张。1996年，海尔获得美国优质科学协会颁发的"五星钻石奖"，张瑞敏个人被授予五星钻石终身荣誉，海尔是首次提出"星级服务"的中国家电企业。1997年，莱茵河畔掀起海尔潮，海尔参加了在德国科隆举行的世界家电博览会，海尔向外商颁发产品经销证书的消息，不仅使中国人在国际市场上扬眉吐气，更标志着海尔品牌已经在国际市场开始崭露头角。

3. 国际化战略阶段（1998—2005年）

1998年，张瑞敏应邀登上哈佛讲坛，讲授海尔"激活休克鱼"的成功案例。张瑞敏是应邀登上哈佛讲坛的第一位中国企业家，海尔是第一个作为成功案例进入哈佛案例库的中国企业。1999年，海尔在美国南卡州建立了美国海尔工厂，迈出了开拓国际市场的关键一步。海尔的国际化策略是先难后易，先到发达国家市场创出品牌，然后以高屋建瓴之势打开发展中国家市场。2000年，张瑞敏应邀参加第30届"世界经济论坛年会"，发表"新经济之我见"主题演讲，并提出:不触网,就死亡。2001年,海尔并购意大利麦尼盖蒂冰箱厂的签字仪式在海尔总部举行,这是中国白色家电企业首次进行跨国并购。2002年,海尔在美国纽约中城百老汇购买原格林尼治银行大厦这座标志性建筑作为北美总部,说明海尔已经在美国树立起本土化的名牌形象。2003年,位于日本东京繁华商业区银座广场四丁目七宝楼楼顶亮起了海尔霓虹灯广告,这是中国企业在东京银座竖起的第一个广告牌。2004年,在与海尔美国总部大楼仅隔三个街区的曼哈顿广场,有大批美国消费者排起了长队等候购买海尔空调,最终,7000台海尔空调在7个小时内销售一空。

4. 全球化品牌战略阶段(2005—2012年)

2005年,北京奥组委在青岛奥帆基地正式宣布,海尔成为北京2008年奥运会白色家电赞助商。2006年,由海尔和巴基斯坦鲁巴集团合资建设中巴基斯坦海尔—鲁巴经济区正式揭牌。海尔—鲁巴经济区是中国在海外建立的第一批工业园之一,也是2006年中国商务部首批境外经济合作区之一。2007年,财政部和商务部在烟台市联合启动"家电下乡"项目,海尔是"家电下乡"项目中标品类最多的企业。2008年,奥运会开幕式当天,海尔启动了"一枚金牌,一所希望小学"计划。奥运会期间,海尔作为2008北京奥运会全球唯一白色家电赞助商,为37个奥运竞赛场馆提供了6万件绿色节能的创新产品。2009年,世界著名消费市场研究机构欧睿国际发布数据显示,海尔在世界白色家电品牌中排名第一,全球市场占有率为5.1%,这是中国白色家电首次成为全球第一品牌。2010年,海尔与山东馆、美国馆、意大利馆、新西兰馆、世贸馆一同将创新文化和创新理念带入世博会,成为百年世博史上第一家由全球各地分公司同时赞助多个国家馆的企业。2011年,海尔收购日本三洋电机株式会社在日本、印度尼西亚、马来西亚、菲律宾和越南的洗衣机、冰箱和其他家用电器业务,这标志着海尔在日本以及东南亚地区形成了本土化架构,此举成为海尔全球化战略的重要一步。

5. 网络化战略阶段(2012—2019年)

2012年,张瑞敏应邀赴欧洲顶级商学院瑞士IMD、西班牙IESE

商学院演讲，交流海尔人单合一双赢模式，"海尔人单合一跨文化融合"案例被收入 IESE 商学院案例库，IMD 授予张瑞敏"IMD 管理思想领袖奖"。2013 年，海尔与阿里联合宣布达成战略合作，双方将基于海尔在供应链管理、物流仓储、配送安装服务领域的优势，及阿里巴巴集团在电子商务生态体系的优势，联手打造全新的家电及大件商品的物流配送、安装服务等整套体系及标准，该体系对全社会开放。2014 年，美国杂志《财富》公布了"全球 50 位最伟大企业领袖"排行榜，张瑞敏排名第 22 位，同时上榜的还有"股神"沃伦·巴菲特、亚马逊首席执行官杰夫·贝索斯、苹果 CEO 蒂姆·库克等。《财富》杂志对张瑞敏的评价是："他的突破性管理模式创新……在西方国家非常罕见，在中国更是从未有过的颠覆。"2015 年，中国家电博览会期间，海尔发布了 7 大智慧生态圈，还对外公布了工业 4.0 战略的实施，并同时上线了用户交互定制平台和模块商资源平台。2016 年，由海尔控股 41% 的青岛海尔股份有限公司（SH600690，"青岛海尔"）和通用电气（纽交所：GE）宣布，双方已就青岛海尔整合通用电气家电公司的交易签署所需的交易交割文件，这标志着通用电气家电正式成为青岛海尔的一员。2017 年，中国海尔卡奥斯 COSMOPlat 工业互联网平台被 ISO、IEEE、IEC 三大国际标准权威机构指定来主导制定大规模定制等国际标准。2018 年，庆祝改革开放 40 周年大会在京举行，张瑞敏作为注重企业管理创新的优秀企业家代表，被党中央、国务院授予"改革先锋"称号。

6. 生态品牌战略阶段（2019 年至今）

2019 年，"2019 年 BRANDZ™ 全球最具价值品牌 100 强"排行榜在纽约正式发布，海尔作为"物联网生态品牌"成功登榜。"物联网生态"是 2019 年 BRANDZ 全球榜的新增品类，海尔成为该品类下全球首个上榜品牌。2020 年，全球最大的传播集团 WPP 与品牌资产研究专家凯度集团（kantar）联合发布了 2020 年 Brandz 最具价值全球品牌 100 强。海尔与全球唯一物联网生态品牌蝉联百强，全球排名较 2019 年提升 21 位，品牌价值显著提升，生态品牌持续引领。同时，海尔还获得 BrandZ 授予的全球第一个"物联网生态品牌"奖。

该奖项旨在表彰海尔在全球品牌进化方面的标杆引领。2021年，2021年BrandZ™最具价值全球品牌榜在戛纳揭晓。海尔连续三年以全球唯一物联网生态品牌上榜，品牌价值较去年提升41%。由全球知名洞察和咨询机构凯度集团权威发布的这份榜单，将严谨的财务分析与广泛的品牌资产研究相结合，量化了品牌为企业的财务表现所做出的贡献，其已经在全球51个市场调查了400多万名消费者。涉及1.8万个品牌，是全球唯一一个将消费者意见囊括在内的品牌价值榜单，被誉为品牌界的"奥斯卡"。另外，BrandZ颁发了历史上的首个个人荣誉，时任海尔集团董事局主席、首席执行官张瑞敏荣膺"物联网生态品牌创立者"称号。2022年，全球品牌数据与分析公司凯度集团发布了"2022年凯度BrandZ最具价值全球品牌100强"排行榜，腾讯、阿里巴巴、华为、海尔等14家中国品牌入选。海尔连续四年作为全球唯一物联网生态品牌蝉联百强，品牌价值实现逆势增长，居全球第63名。

小　结

区域产业分工合作的微观基础是企业的区位选择，企业之间展开分工合作是区域产业分工合作的动力源泉，企业之间采用什么样的分工方式、布局模式直接影响区域产业分工合作的方式、强度和效率。

对企业而言，其所追求的经济效益决定其选择在什么地方布局，也就是说相比其他地区，选择该地区具有一定比较的效益时，该企业才会选择在该地区布局。对于这种比较效益，我们不能简单地理解为有形效益，还要看到无形的效益，也不能只看到眼前效益，更要看到未来的长远效益。对于影响产业分工的因素，既需要考虑这些因素的影响，还要考虑这些要素流动组合产生的影响。从影响因素看，主要由自然因素、经济因素和社会因素三方面组成。自然因素是企业生存发展的自然硬环境，主要由自然条件和自然资源两部分内容构成，自然条件是人类赖以生存的自然环境，自然资源是指自然条件中能够被人类所利用的部分。自然因素除了能为人类及其他生物提供水、土壤、空气等必不可少的生存基础外，还能够提供具体产业发展所必需的不同条件，如农产品加工业、纺织业等对自然因素的依赖程度比较高，这类产业往往选择布局在农产品或棉花丰富的地区。从经济因素看，主要包括劳动力因素、市场因素、区域内的基础设施因素、对外交通运输条件因素、现有产业基础因素等内容，如高新技术产业往往选择在人才密集的地区分布，物流业常在交通枢纽地区布局。同时，随着生产力的迅速发展，产业部门分工愈加细化，企业之间的合作交流越来越密切，企业在空间内的集中有助于形成集聚效应，进而为企业发展增加外部收益，这些因素主要指影响产业分工的政治、体制、文化等诸多方面的因素，而社会因素所形成的软环境能够直接影响硬环境的好坏，最为典型的是政府对产业分布的干预，目前"千城一面""政绩工程"等尴尬问题不断凸显，我国很多地区出现各类名目繁多的园区造成资源浪费，就是社会因素未能充分发挥其效力的展现。现代经济发展中，规模经济越来越重要，不仅在制造业里需要规模经济和集聚效应，而且在现代服务业，特别是那些以知识技术和信息为核心竞争力的现代服务业，集聚所带来的生产率和竞争力非常强大，这是全世界出现的客观普遍的经济规律。内蒙古鄂尔多斯康巴什新区的主导产业是煤炭产业，但随着经济发展，煤炭产业出现衰落，与之相关的各类产业普遍呈现疲态，加上还没形成其他支撑经济发展的产业，一些城市的建设就存在较多问题。

第七章

区域产业分工合作：国际国内经验借鉴

第一节 东京都市圈推进专业分工发展

作为日本首都的东京，目前与周边相邻的神奈川县、千叶县、琦玉县共同组成了东京都市圈。截至2019年1月1日，东京都市圈人口为3661万人。自2013年开始，该统计数值涵盖外国人数，东京都市圈外国人口已经连续6年在增加，达到创历史新高的267万人，外国人作为劳动力在日本的存在感不断增强。而对外联系紧密度的提升、国际化程度不断提高与东京都市圈实施的一系列对策分不开。

一 加强政策引领，调整产业结构

日本政府自1956年颁布了《首都圈整备法》，之后，陆续多次编制实施首都圈基本规划，并于1959年通过《工业控制法》，在政策指引下，大批劳动密集型企业和一些重化工业相继搬迁，而大批以科技型产业、都市型产业为主的资本、技术密集型产业及以金融、传媒、信息技术为代表的第三产业看准东京圈发展实力，开始在东京集聚，有效提升了东京城市的科技含量。除了依靠规划引导和法律保障外，东京都市圈还充分利用财税政策：第一，通过国家项目投资地方基础设施，比如交通设施、港口等，并向财政较为紧张的偏远地区提供贷款支持，加大周边城市的建设。第二，通过财政转移支付，补贴都市地域发展项目，通过提供资金支持等鼓励企业向城市外围集中。

二 建设城市"副中心"和新城，有效缓解中心城区人口压力

1956年，日本制定《首都圈整备法》确定了首都圈地域范围。此后，日本五次编制实施《首都圈基本规划》，强调分散中心城区的职能，包括建设城市副中心和新城等。通过副中心和新城建设打造多中心多圈层的城市格局，从而吸纳大量人口居住就业，推动城市产业转型升级，并进一步改善城市人居生态环境、提升城市发展质量效益，推动副中心和新城积极承担首都圈功能，减少大城市病的发生。从东京都市圈产业布局来看，表现为管理控制环节位于城市中心地区，研发创新活动多位于中心区外围，制造业环节多数已经转移到城市郊区甚至其他城市地区，通过大量企业在一定地域内的集中，有效降低了交通运输和通信的成本，加上规模经济效益，大大提高了企业效益，加上大量科研院所的集中也极大地提高了科技攻关和研发水平，促进新产品不断更新换代，进而提高了专业化分工合作的效率。

三 完善交通设施，加强都市圈内各城市之间的联系

东京圈汇集了全世界最为密集的轨道交通网。自1950年起，东京结合自身发展情况制定了以发展区域公共轨道交通网络为主、地面公共交通为辅的城市公共交通发展目标。高效发达的城市公共交通系统使东京市区不会发生明显的交通拥堵现象。根据东京都城市整备局的数据，东京都市圈轨网规模为3521千米，其中东京特别区轨网规模约为807千米，轨道分布在总体上呈现核心区域相对密集、向外逐步稀疏的特征，且站点分布核心区域密集现象更为显著。东京都市圈轨道交通的环形+放射形网络通过直通运营、组合运营、双复线及联络线和无缝化衔接等措施，轨道交通系统承担了东京客运量的86%，在早高峰时的市中心区，这一比例更是高达91%，居全球首位，真正实现了以使用者为导向的网络化运营，使市郊铁路与地铁、市郊铁路和市郊铁路之间形成了直通通道，减少了换乘时间和换乘次数，有效提高了线路的运营效率。

第二节 长三角地区加强区域一体化

一 长三角地区发展战略

1983年3月，国务院常务会议正式决定建立以上海为中心的长江三角洲经济区，后因南京等地未纳入，所以改为上海经济区。上海经济区涵盖上海；江苏的苏州、无锡、常州、南通和浙江的杭州、嘉兴、湖州、绍兴、宁波等10个城市及其所辖的55个县，是长三角经济区的最早雏形。当时，经济区面积为76219平方千米，占全国总面积的0.8%；人口5059万人，占全国总人口的5%（郑静，1983）。随后，上海经济区规划办公室先后编制、协助实施了《上海经济区发展战略规划》《上海经济区钢铁工业中长期发展纲要》《沪宁杭地区国土规划纲要》《太湖流域地表水污染综合防治规划》《上海经济区港口中长期规划》，这一阶段主要依靠中央政府采取行政手段推动区域整合。1984年12月，在上海召开"上海经济区省市长会议"，安徽首次作为经济区成员参会。1988年6月国家计划委员会撤销上海经济区规划办公室，7月宣告解散"上海经济区"（李广斌等，2008）。

1992年，由上海、江苏的南京、苏州、无锡、常州、扬州、南通、镇江及浙江的杭州、嘉兴、湖州、绍兴、宁波、舟山14个市经协委（办）发起成立长江三角洲14城市协作办（委）主任联席会，到1996年共召开5次会议。1996年8月，经国务院批准，江苏县级市——泰州市从扬州市中划出，成为地级市，长三角由14个城市发展为15个城市。1997年，长江三角洲15个城市协作办（委）主任联席会升格为长江三角洲城市经济协调会（以下简称"长三角协调会"）。长三角协调会设常务主席方（上海市）和执行主席方（除上海外的其他成员城市轮流担任），协调会两年举行一次正式会议，1997年4月28—30日在扬州召开第一次会议；1999年5月6—7日在杭州召开第二次会议；2001年4月26—28日在绍兴举行第三次会议；2003年8月15—16日在南京举行第四次会议。会议主题为"世博经济与长江三角洲联动发展"。2004年确定协调会的市长会议由两年一次改为一年一次，2004年11月在上海召开第五次会议，主题为"完善协调机制，深化区域合作"。

2005年4月，国家发改委出台《长三角规划工作方案》，将浙江省台州市确定为长三角区域规划的范围。长江三角洲城市经济协调会将台州吸纳进来，至此，长三角地区包含16个城市。2008年年初，胡锦涛总书记视察安徽时要求"安徽要充分发挥区位优势、自然资源优势、劳动力资源优势，积极参与泛长三角区域发展分工，主动承接沿海发达地区产业转移，不断加强同兄弟省份的纵向经济联合和协作。"这是党和国家领导人首次提出"泛长三角"的概念。2008年7月25—26日，由江浙沪三地区社科院主办的"首届泛长三角合作与发展论坛"在沪举行，会议通过的《泛长三角合作发展建议书（讨论稿）》建议将江苏、浙江、上海、安徽、江西、福建六省市列为泛长三角合作区域，并将和长三角有较多贸易投资、人口往来的台湾同时列入，形成"6+1"格局。除"6+1"格局外，泛长三角地区存在"3+N"的多种争议，"3"是江浙沪；"N"却有众多说法，比较常见的为N=1，"1"为安徽；还有N=2，"2"为安徽、江西。

2008年9月16日，国务院发布《国务院关于进一步推进长江三角洲地区开放和经济社会发展的指导意见》（国发〔2008〕30号）明确指出长江三角洲地区包括上海市、江苏省和浙江省，并指出要积极推进泛长江三角洲区域合作。为响应浦东开发开放，安徽加快推进与长三角一体化进程，自20世纪90年代以来大力推动皖江开发开放。2010年1月，国家发改委出台《皖江城市带承接产业转移示范区规划》，规划指出皖江（长江安徽段）城市带是泛长三角地区的重要组成部分，是长江三角洲地区产业向中西部地区转移和辐射最接近的地区。同时提到示范区的建立主要目的是推动安徽积极参与泛长三角区域发展分工，创新合作方式，实现互利共赢，并希望江苏、浙江、上海继续加强与安徽的联合与协作，不断深化泛长三角区域发展分工，引导和支持本地产业向示范区有序转移。2010年5月，国务院出台了《长江三角洲地区区域规划》，统筹两省一市发展，辐射泛长三角地区。规划的第 11 章中"加强国内外区域合作"中第一小部分为"加强泛长三角合作",具体内容是"长三角周边的安徽等地区具有区位、自然资源、劳动力资源的比较优势,与长三角地区经济联系紧密,是长三角地区产业转移和直接辐射区。……建立健全泛长三角合作机制,编制南京都市圈、淮海经济区区域规划,促进周边地区加快发展。"对安徽、淮安经济区的地位进行了充分肯定,对安徽作为泛长三角地区给予了明确。在《长江经济带综合立体交通走廊规划(2014—2020 年)》中提出要完善长江三角洲城市群城际交通网络。2014 年 9 月 25 日,《国务院关于依托黄金水道推动长江经济带发展的指导意见》(国发〔2014〕39 号)发布,第五章"全面推进新型城镇化"中对沿江城市群的划分情况为:沿江城市和城镇、长江三角洲城市群、长江中游城市群、成渝城市群、黔中和滇中区域 5 大部分,其中 25 条指出"提升长江三角洲城市群国际竞争力",此次国家战略性文件的颁布首次明确了合肥的地位,与南京、杭州等并列成为长三角的重要城市。2016 年 3 月 25 日,长三角协调会第十六次市长联席会议在金华举行,主题为:"互联网+"长三角城市合作与发展。希冀通过本次会议的召开推动长三角地区的产业对接协作和转型升级,增强区域协同发展水平和核心竞争力。2016 年 6 月 3 日,国家发改委正式发布《长江三角洲城市群发展规划》,上海、南京、杭州、嘉兴、合肥、芜湖等 26 个城市被纳入长江三角洲城市群发展规划中,旨在到 2030 年,全面建成具有全球影响力的世界级城市群。2018 年 4 月 12—13 日,长三角协调会第十八次市长联席会议在衢州举行,加快在长三角地区建成现代化经济体系,在创新引领、绿色发展、项目建设、机制完善等方面深化合作。2021 年 10 月 20 日,长三角城市经济协调会第二十一次全体会议在徐州举行,主题为"服务新发展格局,携手迈上新征程",会上,多个长三角城市签订了九个合作项目及事项,涉及城区合作、产业创新、智能制造、跨境电商、自贸试验区联动合作、文化艺术、高校教育等领域。2022 年 9 月,2022 年长三角市场监管联系会议在上海召开,会上,三省一市市场监管部门签署了《长三角地区市场准入体系一体化建设合作协议》(以下简称《合作

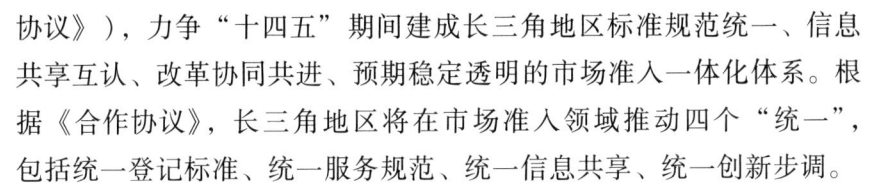

协议》），力争"十四五"期间建成长三角地区标准规范统一、信息共享互认、改革协同共进、预期稳定透明的市场准入一体化体系。根据《合作协议》，长三角地区将在市场准入领域推动四个"统一"，包括统一登记标准、统一服务规范、统一信息共享、统一创新步调。

二 长三角地区产业分工合作

随着我国在世界经济中地位的逐步提高，作为工业大国，我国工业分工合作和经济联系受到越来越多的关注。同时，我国经济正面临着新变化、新格局，全方位高水平合作战略与区域协调发展战略是推动经济阶段转换的重要支撑。2019年12月1日，中共中央、国务院印发《长江三角洲区域一体化发展规划纲要》，对区域一体化产业发展作出明确要求，标志着长三角地区的区域协同发展进入到新时代新阶段。在布局方面，长江三角洲中心区重点布局总部经济、研发设计、高端制造、销售等产业链环节，大力发展创新经济、服务经济、绿色经济。支持苏北、浙西南、皖北和皖西大别山革命老区重点发展现代农业、文化旅游、大健康、医药产业、农产品加工等特色产业及配套产业。充分发挥皖北、苏北粮食主产区综合优势，建设长三角绿色农产品生产加工供应基地。建设皖北承接产业转移集聚区，积极承接产业转移。

通过前述政策战略的梳理，能够看出长三角地区在各领域给予支持，为产业分工等经济合作提供了便利和实惠。长三角地区制造业合作的重要表现是总部在上海，制造放在浙苏皖，经济腹地遍布长三角地区乃至向外延伸。如上海华虹集团，是我国集成电路制造业骨干企业，目前投资25亿美元在江苏无锡新建一条12英寸芯片生产线，这是上海华虹集团首次走出上海在其他地区进行大规模的产业布局。中小型高科技企业——上海艾乐影像看中上海的人才、技术、信息、资源等优势，选择将总部和研发基地置于上海，而嘉善有较充足的空间利于拓展生产，所以将生产基地置于浙江嘉善，"双城模式"有利于企业做大做强。

传统产业多以劳动密集型和资源密集型为主，仅仅通过扩大规模提升产量，并不能带来利润的增加，反而会导致企业走上一条粗放式增长道路。以位于江苏省江阴市的海澜集团的解决方案为例，海澜集团从全社会的角度，考虑产业链资源的整合利用，形成战略联盟。原董事长周建平曾指出"现在是新的环境，只有懂得资源整合的人，才能在竞争中占据优势。"海澜集团通过产业链战略联盟，抓住产业的核心，输出标准，对各环节进行标准化控制，从而实现产业链竞争的整体优势。在外向型经济的带动下，目前国内拥有全套设备、加工技术、大量员工的服装企业为数众多，但普遍缺乏自主品牌或缺少打造品牌的能力。为此海澜集团创造性地提出产业链两端论，即紧紧抓住产业链的两端——产品设计为"高端"、零售体系为"终端"。以两端为重心，在中间做标准，形成产业链联盟，从而构成完美的"哑铃型"。实现用无形的才智控制、整合各种资源。在高端领域，海澜集团与法国、英国、意大利、韩国等著名的设计团队合作，将最前沿的时尚元素融入产品，通过智力和知识的投入增加品牌附加值，不断提高产品的知名度和美誉度。在终端方面，按照国际连锁经营理念，建立"千店一面"的终端零售体系。在多个城市建立统一形象、统一产品、统一价格、统一服务的连锁零售终端，进行全国性布局。在终端建设上采用商业联盟的形式，在确保零售终端标准的前提下与广大被海澜品牌影响力、诚信度所吸引的商业伙伴结成商业联盟，最大限度地整合社会各方面的商业资源。通过这种合作，海澜建立从设计、采购、物流、订单、生产一直到终端零售的产业链联盟。从而实现对行业主导权的控制，无论是设计团队、供应商、服装生产商、物流体系还是商业合作伙伴均严格按照海澜集团制定的标准进行经营和运作，大大提高了海澜在市场上的竞争力，这正所谓"二流企业做产品，一流企业做标准"。

和长三角地区产业分工模式存在相同之处且有一定特色的是京津冀协同发展战略，该战略对涵盖城市的功能和分工有了更为明确的展示。北京作为全国政治中心、文化中心、国际交往中心、科技创新中心，主要是发挥城市的规模效益，起到市场起不到的作用。天津的发展重点是将天津打造成全国先进制造研发基地、北方国际航运核心区、金融创新运营示范区、改革开放先行区。河北重点打造全国现代商贸物流重要基地、产业转型升级试验区、新型城镇化与城乡统筹示范区、京津冀生态环境支撑区。而雄安新区从分工看，主要是与北京中心城区、通州城市副中心在功能上实现分工和错位发展。京津冀地区实现协同发展的一个重要经验是减少"断头路",促进彼此之间的交通联系。目前,京津冀地区一批标志性的交通项目已经落地生根,京津城际延长线、石济客专、津保铁路、张唐铁路都已经建成通车,"十三五"时期,京张高铁、京雄城际铁路、京哈高铁等开通运营,营业里程由8458.3千米增加到9471.9千米,增长了12%,整个区域互联互通的局面已经形成,有效促进了产业分工合作。

第三节 杭州"城市数据大脑"促进区域空间联系

杭州是浙江省省会、副省级城市,是浙江省的政治、经济、文化中心,长江三角洲中心城市之一。2016年批复的城市总体规划修订版中,增加了"一基地四中心"的发展目标,即建设高技术产业基地和国际重要的旅游休闲中心、国际电子商务中心、全国文化创意中心、区域性金融中心。为实现城市定位,杭州借助阿里巴巴等互联网企业优势,从大数据入手大力改善交通,以交通的便利化带动整个城市的发展。城市交通是一个城市重要的组成部分,是一个城市现代化发展的重要标志,提高交通运行效率、改善民众出行体验都对未来交通发展提出了新的要求。一个城市要加强经济联系,离不开便利的交通。在这方面,杭州能够为山东半岛城市群的经济空间联系提供一些好的借鉴。

一 "城市数据大脑"简介

为解决杭州的交通拥堵问题,"城市数据大脑"应运而生。2016年10月13日,在云栖大会上,杭州宣布建设人工智能中枢——"城市数据大脑",内核采用阿里云ET(Alibaba Cloud ET)人工智能技术,对城市进行整体观测,自动选择公共资源进行配置,修复城市运行过程中出现的网络漏洞。2017年云栖大会发布城市数据大脑V1.0版,2018年发布V2.0版。2018年5月,杭州发布了全国首个《杭州市城市数据大脑规划》,规划指出到2019—2021年,在杭州市主城区全面推进城市数据大脑交通系统建设,深化平安系统建设,推进智慧亚运和城管、医疗、旅游、环保等领域系统建设。到 2022 年，实现城市"数据大脑"交通治理的全域覆盖，极大地缓解全市交通拥堵状况，基本完成城市"数据大脑"在各行业系统建设，投入实际运行。

二 "城市数据大脑"实施情况

该项目将交通、公路、能源等各类基础设施全部用数据显示，同时联系起各类数据库。将交通线圈记录的公交车、出租车、私人车辆等速度、数量等各类交通信息以及交通管理服务数据全部输入"城市数据大脑"中，"城市数据大脑"对此展开运算，为实现交通效率的最大化和交通安全，能够计算出不同路口红绿灯设置时长、该路口应该设置几个拐弯或直行车道、哪些线路应该为单行道等，通过机器的运算得出满意的结果，用机器去替代人做决策，最终实现的是整个交通线路可行度的最大化。交通大数据平台的运作模式是将收集到的交通道路信息传输到交通云计算器上，然后抽取、转换、整合数据库数据，根据在线数据分析技术对交通运输情况（如车速、行驶车辆数量）进行预测评估，做出解决处理方案（见图 7-1）。

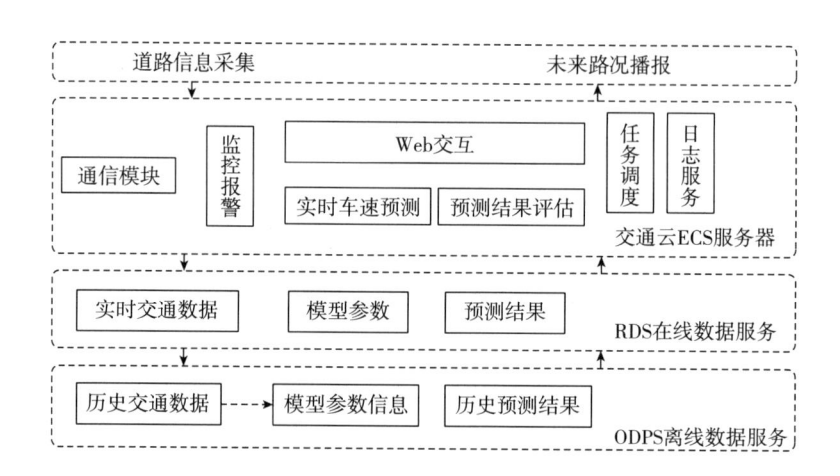

图 7-1 杭州交通大数据分析平台

资料来源：根据"杭州交通大数据分析平台"数据流程自行绘制而得。

随着技术的日益成熟，"城市数据大脑"进一步汇集起杭州城市交通管理、运营商、公共服务的大数据，在自主研究开发的飞天计算

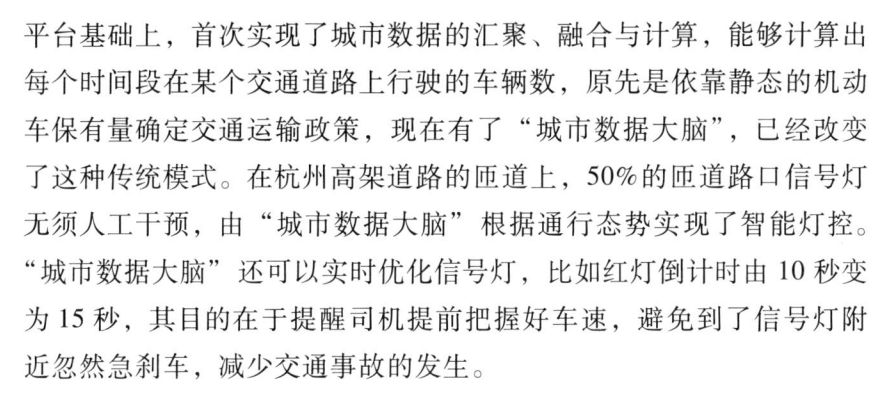

平台基础上，首次实现了城市数据的汇聚、融合与计算，能够计算出每个时间段在某个交通道路上行驶的车辆数，原先是依靠静态的机动车保有量确定交通运输政策，现在有了"城市数据大脑"，已经改变了这种传统模式。在杭州高架道路的匝道上，50%的匝道路口信号灯无须人工干预，由"城市数据大脑"根据通行态势实现了智能灯控。"城市数据大脑"还可以实时优化信号灯，比如红灯倒计时由10秒变为15秒，其目的在于提醒司机提前把握好车速，避免到了信号灯附近忽然急刹车，减少交通事故的发生。

三 "城市数据大脑"有效拉动城市联系

目前，"城市数据大脑"通过接入杭州全市4500多路视频，可以对1300多个路口的情况进行7×24小时自动巡查，每2分钟就可以完成一次全区域扫描，人工智能（AI）能主动发现超过40种交通事件，一旦发生事故拥堵、违章等行为，可以实现"秒级"响应。现在杭州主城区95%的交通事件由"城市数据大脑"自动发现，即时处置率达到85%，并与96种处置手段形成"一体流转"，处置效率提高了9倍，AI机器巡逻取代民警巡逻，大大节省了警力。从覆盖面积看，已经将杭州主城区、余杭区、萧山区共420平方千米的区域全部覆盖，约65个西湖面积那么大。根据高德地图联合"国家信息中心大数据发展部""阿里云"等机构联合发布的《中国主要城市交通分析报告》显示，2012年，杭州交通拥堵情况在全国排名第2位，2019年第二季度已经降为第37位，路网高峰行程延时指数从1.8下降为1.56。从地面公交出行幸福指数来看，2021年，杭州的该指数为62.69%，在所列城市中排名第17位，说明城市公交运行效率、可靠性、相对城市交通水平的综合表现较好。

小 结

从以上国际国内区域产业分工合作经验能够发现，第一，城市规划在城市发展中起着重要引领作用，规划科学是最大的效益，要做好城市的规划设计。在规划建设过程中，应坚持整体观、大局观。城市建设是一个大系统，包含自然、经济、交通、人口等多方面的考量，缺乏整体层面的考虑会导致"只见树木不见森林"，进而影响经济社会的协调发展。也要定位明确，不能"遍地开花"。城市规划要避免克隆复制、照搬照抄，真正实现因地制宜、分类指导、区别对待。还应该有历史耐心，既要长期规划，又要先急后缓、先易后难，渐次推进，逐步加强城市内部和城市之间的分工合作和经济联系。第二，要重视深入实施主辅分离计划，推动有条件的工业企业分离发展现代服务业，培育扶持相关专业服务业企业围绕产业重点领域，集聚国内外高端资源。推动龙头企业与高等院校、科研院所合作进行产业核心技术专项研究，集中支持一批市场前景良好，具有自主核心技术，对行业整体水平有重大提升的创新建设项目，注重与国外知名企业进行产业链配套，积极推动骨干企业做大做强，着力弥补产业链缺失环节，提升济南、青岛、烟台等城市的国际地位。第三，要不断改进交通设施建设与运营状况，全力保障物流畅通，促进人力、物力、财力的运输，持续增强城市对外的辐射力和影响力。

第八章

优化山东半岛城市群产业分工合作的对策与建议

第一节 加强政府引导，破除体制机制障碍

一 优化营商环境，推进体制机制创新

作为东部沿海重要的城市群，山东半岛城市群要想实现三个"走在前"，就要始终把优化营商环境放到重要位置，积极推动体制机制创新，坚定不移深化改革开放，全面激发市场活力和创造力，为实现经济高质量发展注入持久动力。区域发展与制度变迁是共同演进、相互推进的。林毅夫曾指出"制度就是社会全体成员一致同意的行为规则"，而"政府可以采取行动来矫正制度供给不足"。因此，山东需要积极谋划改革红利，谋取制度创新的区域优势。加快调整政府管理与服务方式，力争在法治环境、多元文化、重大公共政策的社会参与和民主决策、公权力制约和政府透明、社会诚信、人才成长环境、资本流动、全新的公共服务等方面先行突破，在更高层面激发城市活力，提升竞争力和软实力，推动山东在新时代把握先机，实现高质量发展。

要实现体制机制创新，推动制造业成长，山东省政府相关部门要加强组织保障，具体举措包括：第一，要坚持系统关键，主要从产业

发展的全链条、企业发展的全生命周期来谋划设计、推进改革。比如在一些简政放权，如果仅仅要每个部门提出几项举措，拼凑在一起，显然并不利于实际工作的开展。只有全面梳理、系统推进，并加强事前、事中、事后的监管，才能有效减少不合理审批，增强群众的获得感。第二，要开展好分工衔接工作，产业发展存在差异性，单纯区分"朝阳产业""夕阳产业"并不利于产业发展，要加强精细化管理，不能因为某个产业是所谓的"夕阳产业"就降低重视度，所以有必要组织协调好制造业规划与服务业规划、新兴产业规划间的连接，避免各个规划之间发生冲突。同时明确各部门的职责与分工，形成政策合力，加快推进山东半岛城市群制造业实现跨越式发展。第三，按照市场规律，要充分发挥市场对资源配置的决定性作用，政府以做好公共服务为主，特别是注重工业园区的生活配套设施建设和公共服务平台建设，改善人才的生活环境以及企业的创新环境，将山东半岛城市群真正打造成制造业高质量发展的新高地，比如从数据共享来看，无论是从国家还是从山东内部，彼此之间共享过不少数据，但这些数据对地方来说，可能需求度不是那么高、使用频率比较低，并没有发挥应尽的效果，所以加快推进基层发展紧缺紧需的数据共享是重点，也是政府部门可以相应推进的工作。第四，山东相关部门应该建立由主要领导担任、相关职能部门成员构成的推进制造业高质量发展领导小组，注重目标导向、问题导向，及时掌握制造业发展动态，定期研究发展中存在的问题，并进行统筹规划，系统管理，有效服务，更多采用市场化、法治化的手段推进改革，营造公平公正、公开透明的营商环境，从根本上为产业发展解决体制性、政策性问题，保障制造业的有序发展。

在完善的组织保障基础上，山东有必要根据已有产业发展基础和绩效，合理制定制造业高质量发展的近期和中远期发展目标。第一，在省政府层面，定期举行产业结构调整和转型升级联席会议，协调解决近期制造业和企业在发展中所遇到的问题。第二，组织协调相关企业、政府部门、行业协会、高等院校和科研院所等不同类型主体，定期或不定期召开分行业发展情况座谈会，把脉和跟踪主要制造业发展

第八章 优化山东半岛城市群产业分工合作的对策与建议

现状,加强政策协商与信息交流,以项目带动合作,积极引进国际国内大型企业集团、处于行业领先的高新技术企业在山东设立研发机构,与山东创新型企业设立合资企业,在资金、技术等方面进行全面合作。支持本地企业实施"走出去"战略,在境外收购一些创新型企业,设立研发机构,争取能够培育出具有国际竞争力的知名企业。同时,注重省内各城市的错位发展,在信息、市场拓展等方面共享互惠,共同发展制造业。第三,加强制造业新旧动能转换,确立制造业高质量发展领导办公室,负责组织制定中远期山东省制造业发展重大战略和产业扶持政策,同时加强对规划实施的动态监测和分析评估,实现制造业的革新。

二 树立先进理念,优化政府职能

宣传也是生产力,正能量要有大流量。山东半岛城市群要以先进理念指导整个地区发展,始终做到战略先行,规划先行,要确立明确的空间发展战略。接下来,山东半岛城市群涵盖的各地市相关部门需要牢固树立区域经济一体化理念,积极破除行政壁垒和体制机制障碍,深化在城市发展、生态保护、科技创新等领域的交流。第一,促进地区联动,加强产业互动协作。积极促进不同城市的资源整合、功能共享、优势互补,从山东省级层面统筹利用土地、资金、人才和环境等各发展要素。第二,加快完善各领域监管标准体系,做到简明易行、标准统一,并构建关联政策,引导产业转型发展。加强规划引领、政策扶持和环境营造,综合运用财税、产业、金融、土地、人才等政策,引导生产要素、创新要素向重点区域进行集聚,优化制造业领域资源配置效益和效率。第三,坚持依法治省,形成良好制度环境,为企业努力营造安全优质、公平公正的制度环境。下一步,应围绕做好"六稳"工作、落实"六保"任务,坚持系统观念,对标国际先进,聚焦市场主体关切,认真贯彻落实党中央、国务院关于深化"放管服"改革、优化营商环境决策部署,以优化营商环境为基础,全面深化改革,推动各项工作取得积极进展。

从实际发展来看,山东半岛城市群的新兴业态企业面临的比较突出的问题就是研发出创新产品后,很多创新产品并没有获得有效的落地空间和载体，鉴于此，各地相关部门应该帮助企业拓展应用场景，为它们有序进入市场提供有效扶持。另外，各地相关部门应该不断增强服务意识，推进服务的标准化、规范化、便利化，尤其在招商引资、推进当地项目建设时，应该做到积极对接、主动服务，尽最大可能推动项目早落地、早到资、早建成、早投用。比如，针对北京疏解非首都功能、长三角特别是上海产业外溢等，就是把握产业转移趋势，掌握企业真实需求，找准切入点、突破口，提高了招商引资效率。

三 加强对外开放，推进"一带一路"建设

现在济南、青岛在现代化国际大都市建设上，交出了不错的成绩单，如济南，2012—2021年，济南市进出口总额保持了年均11.5%的增速，实际利用外资年均增长7.1%，81家世界500强企业落户济南；济南市场主体总量超过148万户，比2012年翻了两番多；全国首个科创金融改革试验区落地建设；在副省级以上城市中率先全面放开落户限制，年均净增户籍人口约10万人，实有人口突破1000万人。青岛的文化软实力不断增强，已入选首批国家文化和旅游消费示范城市，全国首个5G高新视频实验园区落户，东方影都影视产业园建成使用。目前公认的国际城市多以服务业为主，制造业也已实现了智能化、高端化。济南、青岛要适应国际城市经济体系标准，积极发展现代商贸、信息服务、金融投资、现代物流、总部经济等新兴业态，打造知名品牌，加快形成一批新的投资、产业、消费增长点。另外，应积极推动建立统一的外贸企业公共服务平台，及时了解和掌握贸易经营主体的基本情况及诉求，并提供信息服务、创业服务、信用服务、管理咨询、技术服务、人才服务等多种服务，不断提高工作效率。同时，整合不同部门对外贸易和投资数据，建立外贸企业统计分析制度，研究分析外贸企业结构特征和演化趋势，为政策制定奠定坚实基础。

2017年，济南市政府办公厅印发《济南市参与丝绸之路经济带和21世纪海上丝绸之路建设实施方案》，推出一系列措施，积极参与"一带一路"建设，将济南打造成"一带一路"重要核心城市、双向

开放战略支点和国际区域合作重要平台。作为山东的省会城市和核心城市，济南要不断提升中心城区城市能级，推进重点地区建设，凸显"泉城"特色，打造具有强大区域服务能力和繁华、宜居的核心城区，全力提升济南的城市首位度。除了作为省会城市的济南积极融入"一带一路"建设外，山东半岛城市群其他城市也应在这方面积极着力，接下来，山东半岛城市群应该抓住各类国际合作高峰论坛的机会，组织企业参与活动并开展项目签约，借助各类出访活动和香港山东周、青岛跨国公司领导人峰会等重大经贸活动，推进引进来和走出去重点合作项目，加强与"一带一路"沿线国家和地区的全方位合作，建设一批基础设施项目、国际产能合作示范项目。作为东部沿海经济大省，山东开展与日韩贸易具有天然优势，山东充分发挥资源禀赋，通过深化威海—仁川"四港联动"，支持邮政企业"空转海"开辟海上邮路，开行"齐鲁号"日韩陆海快线等举措，打造起一条对日韩贸易的"海上高速公路"。路通货畅贸易兴，山东对日韩贸易额从2012年的3316.31亿元增长到了2021年的4517亿元。接下来，应继续坚持陆海统筹发展，发挥山东省毗邻日韩面向欧亚地处丝路交汇处的区位优势，全面提升对外开放通道效能。针对传统EPC承包发展面临的新形势，完善山东对外承包工程行业发展联盟，积极推动承包工程企业业务转型、投建营一体化、与央企合作、与日韩欧美第三方合作等多种方式创新发展，带动装备、技术、标准和服务对外输出。

第二节 增进城市联系，推进经济空间分工

一 发挥区域特色优势，提升区域合作能级

在高新技术产业方面，山东应充分利用处于黄河流域下游地区的优势及毗邻京津冀、长三角、东北地区的区位优势，主动承接和大力吸引高科技、高效益、高附加值、无污染的优势企业落户山东，并进行产业链配套和延伸，推动形成高新技术产业隆起带。此外，针对县域工业产业，应在现有发展基础上进行合理引导、理性投入，做大做

强。同时，要不断加大基础设施投入，结合财政贴息、税收等优势政策，积极培育具有较大带动作用的骨干龙头企业，吸引县域中小企业向各类工业园区集聚，促进他们的技术进步和产品的迭代升级，提高县域工业的整体竞争力。

在我国的几个经济大省、经济强省中，无论是广东、浙江还是江苏，省内都有实力强劲的大城市，但山东虽然拥有16个城市，城市人口数量不少，但城市实力还略有逊色。事实上，济南地处山东腹地，位于黄河下游，是山东半岛与华东、华北、沿黄省区联结的重要门户，是全国交通、信息大通道的重要枢纽，在承接产业转移、配置生产要素、拓展经济腹地、提高综合实力等方面享有得天独厚的优势和条件。而青岛是一座沿海港口城市，相比内陆城市具有明显的地域优势，加上环境气候宜人，是著名的旅游城市，对人口的吸引力度很强。所以，济南和青岛要做山东经济社会发展的"领头羊"城市，加强对周围城市的辐射力和影响力。

山东要加强与京津冀、长三角、东北地区、其他沿黄八省区的产业关联度、经济互补性，不仅仅要考虑与这些地区的分工合作，更要重视山东半岛城市群内的产业布局。要实现山东半岛城市群内部的产业合理布局，各地政府需要科学规划，重点指导，加强管理。通过省内产业合理布局，有利于科学配置资源，避免城市群内各地重复建设、相互竞争，也有助于推动城市群经济协调发展。与京津冀、长三角地区相比，山东在科研技术方面还处于劣势，这将会在一定程度上限制山东的产业选择和发展，所以，山东要加强科技研发队伍建设，增加科技研发投入，完善科技信息流通渠道，提升山东吸引高端制造业、现代服务业企业投资的机会，增加山东经济发展的科技含量。京津冀、长三角、东北地区、其他沿黄八省区涵盖区域广泛，拥有众多迅猛发展的城市。山东要加强与这些区域、城市之间的交流合作，可考虑牵头成立区域发展协调组织，从而更好地指导区域之间的产业分工合作与经济联系，经常性组织开展"合作共建高峰论坛"，吸引这些地区的园区企业、骨干企业参加，增加合作交流的机会，合力促进产业联动，加强产业规划、政策、项目等对接，通过"链+链"融合、上下游配套等多种模式，更好地实现同步发展。鼓励民间形成跨区域的合作组织，如跨地区的城市联合会、商会协会、行业协会、大企业联合会、学术研究中心等，有效打破城市间沟通交流的壁垒，合力构筑创新联盟，在科研攻关、设施建设、成果转化等方面强化协同，打造有助于创新资源顺畅流动、优化组合的创新共同体。

二 创新招引模式，加大招才引才力度

"人既尽其才，则百事俱举；百事举矣，则富强不足谋也"。"缺人才"是山东经济社会发展中面临的大难题，人要尽其才就要把思想宣传、条件吸引、舞台搭建做到位，切实吸引人才、留住人才。

一是加大引才力度。围绕制造业特点，聚焦"高精尖缺"。立足国际和国内两个领域，优化人才奖励政策，完善人才扶持制度，以具有国际竞争力的人才政策体系，参与全球范围内的人才竞争；加大国内招才引智力度，拓宽全球引才渠道，为制造业及经济社会发展提供源源不断的人才资源。着重考虑如何发挥高层次人才的作用，重视科技创新，应发挥高校、科研院所的作用，进一步做好高层次人才技术转化保障服务工作，确保高精尖项目落地。

二是激发用才活力。加强人才市场体系建设，完善人才市场价格、供求、竞争机制，促进人才跨行业、跨体制自由流动，充分释放人才活力，分类实施政策措施，实现各类人才资源优化配置、合理布局、协调发展。吸引和留住高层次人才，政策应与系统完备，应该人才成果和保障制度相匹配，才有所值。具有足够的吸引力和较高的激励水平。组织部门、人社部门、财政部门等相关部门在联合调研的基础上，制定切实可行的高层次人才保障制度，构建尊重知识、尊重人才、鼓励创新的制度环境，并指定具体部门抓好落实，为其科研提供有效保障，注重后备人才的培养。

三是优化留才环境。畅通人才绿色通道，出台吸引高端人才的税收、住房和子女教育方面的优惠政策，坚持筑巢留才，加快海外高层次人才创新创业基地、留学人员创业园等人才载体转型升级步伐，拓展空间、丰富功能、提升水平。着力完善人才公寓、医疗机构和中小学校等现代服务功能，营造优美、舒适、便捷和生态的生活和居住环

境，增强高端人才和技术骨干扎根山东的意愿。核实问题要认真考虑、周密组织，一旦认定为高层次人才则必须实施种种优惠政策，划拨专项资金引进高层次人才，给予生活上全方位的优惠服务，为高层次人才在山东就业创业提供入境和居留、户籍、住房、配偶随迁、薪酬等优惠和便利服务。最终实现用真情引真才，用真绩夯真基，向先进地区学习，大胆提供优惠政策，让高层次人才有地位，有温情，服务山东发展。

三 培育跨区域企业，提高服务业集聚度

从微观层面看，企业是山东省转型升级、创新发展的核心和主体，需进一步强化企业自主创新主体地位，打造驱动制造业发展的新引擎。山东应该围绕制造业重点领域，鼓励龙头企业与国内外高等院校、科研院所等合作进行产业核心技术的专项研究，集聚国内外高端资源，集中支持一批市场前景良好，具有自主核心技术，对行业整体水平有重大提升的创新建设项目，着力弥补产业链缺少环节，提升制造业地位。应鼓励和支持大型企业发挥引领创新作用，推动龙头企业、大型企业集团创建国家、省级工程（技术）研究中心、企业技术中心、研发中心、工程实验室、协同创新中心等创新平台。应按照产业链国际延伸、供应链全球整合、价值链高端提升的原则，制定加快跨国、跨区域公司培育政策，鼓励企业跨境并购技术型、品牌型、渠道型企业，推动化工、有色、建材、轻工、纺织等优势产能对外投资合作，将产能优势转化为合作优势，走出去带动资源、品牌、技术、人才、资金引进来，加快培育源自山东的跨国、跨地区企业。

另外，要增加科技和服务业集聚，一是重视商圈公共服务建设，引导生活居住区公共服务向其融合。解决好商圈从业人员的公共服务问题不仅有助于他们以更好的状态投入工作之中，创造更高的业绩，也有助于优化商圈配套环境，增加产业能级与集聚度，成为现代服务业集聚区建设的重要推动力。二是重视"企业社会责任"，推动商务区为生活居住区公共服务提供支持。利用商务企业强大的辐射带动能力，实现与当地生活居住区的良性互动，例如合作开展文化节、为公益活动开展提供资金等。

第八章　优化山东半岛城市群产业分工合作的对策与建议

第三节　优化产业结构，密切企业合作网络

一　推进农业农村现代化建设，打造乡村振兴"齐鲁样板"

农业农村现代化是增加农民收入、实现乡村振兴的重要途径。长期以来，"三农"问题都是全党工作的重中之重。党的十九大报告提出实施乡村振兴战略，总目标是农业农村现代化。山东是农业大省，曾创造了许多农村改革发展经验，形成了"诸城模式""潍坊模式""寿光模式"，以及农村基层组织建设的"莱西经验"等，促进农业农村现代化建设、激发打造乡村振兴齐鲁样板的磅礴动力历来是山东经济社会发展的重要课题。

党的十八大以来，山东认真贯彻落实党中央的决策部署，以习近平新时代中国特色社会主义思想为指导，针对"人、地、钱"等问题制定了针对性强、务实管用的创新性政策，持续推进"三农"发展，以占全国6%的耕地和1%的淡水资源，贡献了8%的粮食产量、9%的肉类产量、12%的水果产量、13%的蔬菜产量、14%的水产品产量和19%的花生产量，农产品出口总额占全国的24%。山东正努力推进乡村振兴战略，为农业农村现代化建设贡献力量。但不可否认的是，山东的农业产业发展仍面临较多问题，与乡村振兴战略的总要求相比，山东的农业产业发展规模经营和产业结构调整进程还比较慢，产业化水平低的问题一直是制约山东农村经济发展的重要"瓶颈"。山东半岛城市群要优化产业结构，就需要推进农业产业的高质量发展。

第一，进一步解放思想，最大限度整合规划好现有土地资源。山东基层区县要进一步统一思想，转变对新阶段城乡关系的认识，把握乡村发展规律，清除影响乡村振兴的障碍因素，积极整合、挖掘资源，充分调动起广大农民群众的积极性和主动性。在这个过程中，可以积极借鉴北京市延庆区下叫虎村经验，通过成立农村专业合作社等群众组织，引导农民抱团发展、集群发展，尽快将村民手中空闲的房屋院落以及荒废或未有效利用的土地等资源整合流转出来，为下一步

规模招商引资提前做好基础工作。相关部门也要进一步解放思想，学习其他省市的好经验、好做法，科学规划、提前规划，增强主动服务意识，可以进一步推广德州禹城试点的农村土地征收、集体经营性建设用地入市和宅基地制度改革等各系统工作先进经验，查找问题，多出主意，努力破解农村规划、土地等发展困境，依法依规最大限度保护好、开发好农村、农田，为农民增收、企业发展服好务。在努力做到基本农田保护红线不突破并高效保护利用的同时，对其他土地特别是废弃的建设用地、未利用土地和现有存量建设用地，科学规划、统一整合，最大限度挖掘潜力、高效实用，搞好配套建设。

第二，进一步提升村容村貌，打造良好环境。要综合考虑建设时序，当前更要集中力量解决好村庄控违和基础设施提升两大关键问题。要加大村庄拆违拆临力度，将农村不雅建筑、不安全建筑纳入拆除范围，同步开展移风易俗等思想教育，保持朴实村风，保住村庄原貌，让乡村回归儿时、可觅乡愁。淄博东流泉村是个偏僻的村庄，基础较差，村民精神状态欠佳，自我发展动能不足，"羡贫"意识较重，甚至出现争当贫困户现象。自"新时代农民讲习所"正式成立后，营造"人心思发展，户户想致富"的良好风气，整个村庄精神面貌焕然一新。全力推进美丽乡村建设，需要配齐垃圾处理、休闲健身等配套设施，进一步提升农村供暖、村庄亮化、村内道路、园林绿化、供排水等工程水平，切实改善群众人居环境。在此基础上，积极对农村闲置院落进行保护开发，培育高标准民宿产业。尽快聘请一批业内知名专家教授对村庄重新规划和设计，在尊重建筑原有历史风貌的前提下，对村庄院落进行适当改造。在保留整体风貌的同时，要按照现代高雅的标准，对建筑进行改善，满足现代人需求，确保游客入住舒适、流连忘返，努力打造城郊特色民宿休闲品牌。

第三，进一步增强财政扶持力度，加快农业农村各项制度改革。增加财政政策性扶持投入，整合涉农资金聚力发展。搭建融资公司和农业信贷担保平台，撬动和激活金融和社会资本投入"三农"，为农业长久发展注入活力。进一步完善土地承包确权登记颁证及产权平台交易工作，实现土地承包权、所有权、收益权三权分离，激活土地经

第八章 优化山东半岛城市群产业分工合作的对策与建议

营市场，保护农民合法权益，提高土地利用率和收益率，为社会化大生产奠定基础。深入推进农村产权制度改革，推进农民变股民，解除农民的后顾之忧，为集约化、规模化经营扫清障碍。还要进一步探索农村不动产登记和收益分配机置，激活农村宅基地等不动产，推动农村"民房"变"客房"，发展民宿经济。扶持培育社会化服务组织，解决好一家一户及一村居无法解决的技术、机械、农资、产品加工、网络销售等相关问题，以政府财政投入为主，为社会化服务组织解决机械装备、加工设备、信息化建设投入问题，并为其提供合法合规的经营管理场所，为各村做好产前、产中、产后的各项服务工作，拉动农村产业经济的发展。

第四，进一步加大现代农业发展力度，确保农民稳步增收。山东半岛城市群发展农业产业可以积极借鉴浙江台州市美丽乡村建设经验，尊重自然、顺应自然、保护自然，深挖潜力、能谋善为，全力培育农业观光、休闲娱乐等现代农业产业，努力把"生态优势"转变成"发展优势"。要加大招商引资力度，积极与有资质、有实力、有影响力的大集团公司洽谈合作，通过闲置土地入股、PPP合作开发等模式，培育适合山东乡村实际的特色田园综合体项目。要提高农业附加值，打造从农业花卉种植、农产品深加工、农产品线上线下销售，到光伏发电、农业展览展示、采摘旅游、民宿休闲以及中小学体验教育教学等相关产业的现代农业全链条，实现第一、第二、第三产业联动发展。另外，在加快产业升级、经济结构调整和农民工返乡创业就业的背景下，顺应城镇化发展趋势，结合地方特色和资源优势，以产业转移和新农村建设为抓手，大力发展农村集体经济和县域经济，推动就地城镇化，促进产城集聚，扩大对失地农民等本地区劳动力的非农就业需求，加大农民技能培训，积极开发农业产业农民、民宿餐饮服务等配套工作岗位，实现农民就近就业，切实增加农民工资性收入，确保农民收入持续增加。加快农村干部和实用人才的培训，使其熟悉和掌握现代"三农"工作的特点，明确发展的方向，提升组织领导和服务管理能力，切实解决好"谁来干"的问题。加大招商引资力度，引进有影响力的农民企业入驻，给以政策支持和扶持，使其成为引领山东农业产业发展的"领头羊"。

二 加快产业转型升级步伐，培养创新型产业集群

产业结构的升级是经济发展方式由粗放型向集约型、由外延型向内涵型转变的关键所在。在产业全球化的今天，发达国家更是抓住了制造业附加值最高的两端——研发和营销，从而控制了制造业的大部分利润，把低附加值的生产环节向资源、人力等要素成本相对较低的发展中国家转移。以波士顿、汉堡、新加坡为代表的国际城市致力于创新推动新兴产业崛起、促进产业经济结构服务业化、创新驱动经济结构转型等，这些可以给山东半岛城市群产业转型升级提供一些思路。

从产业层面看，产业转型升级、提质增效是山东半岛城市群制造业发展的重点任务。首先，改造提升传统产业和传统环节。没有落后的产业，只有落后的产能。传统不等于落后，传统制造业不等于旧动能。这就要求山东半岛城市群绝不能停下转型升级的脚步，必须大力支持企业技改、增资、扩产，不断做大做强。比如，钢铁企业不能只做粗钢型钢，要大力发展精品钢、特种钢，有效提高产品附加值。要坚决摒弃传统制造业"过时论""低效论""低端论"等错误认识，大力支持企业用足用好技改专项贷、"零增地"技改等政策，谋划实施更多技改项目，培育更多新技术、新产业、新业态、新模式，不断提升发展质量效益。

也就是说，传统产业并非等同于"夕阳产业"，传统产业中也存在相应的高端环节，因而支持既有传统企业通过技术学习、更新和改造，逐步实现向"微笑曲线"两端延伸，同时促进传统投资重点投向装备更新、技术改造、售后服务等高附加值环节。促进主导产业群的转型升级，关键是进一步促进其有机关联，达到"形散而神不散"，推动创新型产业集群实现高端发展。一方面，积极提升新型工业化水平，鼓励战略性新兴企业探索新产品、新技术，创造新业态、新模式，走"四新经济"道路。另一方面，逐步淘汰落后产能、降低生产能耗，提高企业生产效率和产品质量。在整个过程中，做好知识产权保护工作，提升企业知识产权保护意识，重点培育一批知识产权保护

较好的示范企业。

第二，目前山东半岛城市群双创生态还不够完善，科技成果产业化程度还不高，很多高校院所的科技成果跑到了外地转化，造成了"墙内开花墙外香"的局面。下一步，应该加强与各类科研院所以及央企、省企的合作，高标准建设孵化器、加速器、产业园，吸引更多创新成果在山东半岛城市群范围内孵化，直至实现产业化。

尽管产业集群发展的基本力量主要来自市场的孕育，但政府在培育产业集群发展中也发挥了极为重要的作用。要培育形成产业集群，很重要的一点是要从单一的产业政策转向综合性的产业集群政策。产业政策的目标主要是发展新兴的具有高成长性、高带动能力、高附加值、高市场容量的产业。传统的产业政策是建立在对市场的高度保护和对大企业的政策倾斜之上的，是一种线性干预工具，其结果往往扭曲了市场环境的公平竞争，难以形成具有持续竞争优势的产业组织。产业集群政策不仅仅关注于产业本身，而且从产业组织的系统性出发，包括产业政策、科技政策及其相关的公共管理政策。产业集群政策的制定需要深入分析产业的性质、产业的组织状况和发展走向、内部基础和外部机遇及各个主体之间的关系等。山东有些产业集群储备项目落不了地，不少都是由于资金问题造成的。这个问题光靠行政手段是无法解决的，尤其是在当前财政资金紧张前所未有的情况下。山东各级各部门各单位，尤其是各级国有平台，都要学会更加专业、更加灵活地运用市场手段，通过策划包装把项目推向市场，发挥财政资金引领撬动作用，用足用好政策性、开发性金融工具和不动产投资信托基金（REITs）等新模式，深化政社资本合作（PPP），积极引入风险投资机构等，拓展更多资金来源渠道。另外，各地应认真分析梳理当地每一个产业链条，加强政企沟通协作，强化以链招商、以企招商，发挥好链主企业的"头雁效应"，盯紧产业链上下游，按图索骥、精准招引，力争在延链、强链、补链方面不断取得新进展。

三 支持民营经济发展，形成"山东制造"品牌

积极鼓励和支持企业加快股份制改造，在充分调研基础上，制订优势制造业企业上市计划、后备计划，锁定一批优质企业加以重点扶

持，同时对具有上市潜力的企业进行跟踪服务，引导该类企业向上市方向发展。构建和完善中小微企业公共服务和创业平台。建立完善技术公共服务、技术成果交易、创新创业融资服务、社会化人才服务等各种类型的公共服务平台，为中小微企业提供相应的服务。对具有潜力的产品和企业进行梳理编排，引入专业辅导培训机构，实行分类指导、梯次培育，努力做到引进一批、培育一批、做大一批和做强一批品牌企业。加大知识产权保护和推进知识产权资本化。为了鼓励技术创新和加快技术成果转化，应重点推进知识产权在先进制造业发展升级中转化和应用，创新知识产权激励机制，鼓励技术参与生产要素分配，推进知识产权融资和资本化。深入组织实施创新战略和制造业高质量发展专项计划，不断提升企业的技术创新能力和核心竞争力，增强山东省制造业的品牌效应。传统产业发展政策在侧重于选中特定产业，甚至特定企业，进行资源的"优化配置"过程中，由于存在信息不对称和寻租行为而导致政策失灵。从发达国家产业政策的发展创新来看，新型产业发展政策重点聚焦于以技术、人才、资本和信息为四大核心要素的现代产业支撑系统的构建与完善。通过对技术、市场信息、金融资本、基础设施和人力资本等要素系统的提升，着力解决制约企业创新升级活动的"瓶颈"，推动高级生产要素与企业创新活动相匹配，分担企业创新活动的风险和成本，增强企业"自我发现"的能力，从而促进产业创新与升级。这种产业政策的特征是"匹配赢家"，而非"选择赢家"，从而规避了风险，提升了效能。

自改革开放至今，山东省的民营经济从无到有、从小到大、从弱到强。目前，民营经济为山东贡献了50%以上的GDP、60%以上的投资、70%以上的税收，占市场主体的90%以上。截至2021年年底，山东省民营经济市场主体超过1300万户，中小企业突破400万户，民营工业对规模以上工业增长的贡献率达到70%以上。由此可以看出，山东省民营经济基础雄厚、民营企业极具活力、民营企业家勤于思考，未来要继续发扬这一优势，加大对民营企业的支持力度，进一步放宽民营经济市场准入门槛，优化民营企业发展环境，支持和引导民营经济健康发展。一是放宽民营经济市场准入。明确民营企业在山

第八章 优化山东半岛城市群产业分工合作的对策与建议

东工业经济发展中的重要地位,鼓励、支持、引导民营经济持续健康发展,逐步消除各种影响民营企业发展的体制性障碍,确立平等的市场主体地位。鼓励民营企业参与国有企业改革,扶持符合条件的大中小型企业进入各类资本市场。鼓励引导有条件的民营企业"走出去",完善山东省开放型经济发展体制。二是优化民营经济融资环境。应建立健全民营企业融资担保体系,引入社会性担保公司,形成多层次、多元化的民营企业担保体系,减少民营企业互保所引发的金融风险隐患。探索民营企业融资新模式,积极协同金融机构降低贷款门槛,加大对中小微企业的信贷支持力度。还要加强对民营企业上市融资的政策指导,鼓励企业充分利用资本市场,打通融资渠道。同时,加强对拟上市民营企业的筛选,选择一批具有发展潜力和创新能力的企业予以重点扶持。三是完善民营经济公共服务体系。建立统一的民营企业公共服务平台,整合政府部门和金融机构的服务与政策,提供信息服务、创业服务、投融资服务、信用服务、管理咨询、技术服务、人才服务等多种功能。同时,建立民营经济统计分析制度,加强对民营企业结构特征和演化趋势的研究分析,增强服务的针对性和有效性。

第四节 发展社会事业,提升区域吸引能力

一 强化日常监管,优化生态环境质量

产业在成长发展进程中,既有助于经济增长,也不可避免对环境造成一定的危害,这个问题是必须面对且加以高度重视的。山东要真正实现经济的高质量发展,必须将优化生态环境质量的责任落到实处。政府应该做好服务平台,加快完善覆盖城乡的供水、供热、绿化、污水处理、环卫保洁等生态网,不断健全绿色信贷、区域生态补偿、排污权交易等环保体制,不断完善环境保护准入机制和责任追究机制,形成有利于生态文明建设的良好制度环境。严格控制新引进产业的筛选评估,推动化工、冶炼、电力等污染密集产业的技术改造,加快淘汰落后产能和"三高两低"企业。制定区域环境保护"负面

清单"，能够更加明确限制以及约束规定，明确生态环境保护侧重点，对推进山东省生态文明建设、提升生态优势十分必要。制定环境保护"负面清单"既要严格执行国家相关规定，又要结合山东省实际情况，稳步推进，在确保山东省经济社会持续健康发展的基础上，逐步完善"负面清单"事项，完善生态环境保护限制以及约束性规定。目前初步的"负面清单"，可以从以下三个方面的内容先进行：一是产业发展限制性和约束性规定。根据国家宏观调控趋势，结合山东省产业实际情况，对淘汰类、限制类产业予以明确，以目录的形式列出产业发展的约束性规定。二是明确区域开发限制性和约束性规定。进一步明确禁建区和限建区的区域范围，如自然保护区、风景名胜区、饮用水源保护区、基本农田保护区等。三是污染物排放总量、污水处理等的控制性要求。从水、气、土壤、生态环境保护目标等方面进行约束，引导产业合理布局与可持续发展。除了要提高政府监管服务力度外，还需要强化企业社会责任感，增强市民的使命感，推动更快更高效地建设生态文明。

"绿水青山就是金山银山"。一个地区生态环境质量的高低对城市的形象影响很大，山东要以绿色生态理念为引导，以自然生态更加优化、人文环境更加友好的城市环境，对接城市国际化要求，这就需要政府、企业、个人三个维度的共同努力。山东要真正实现经济的高质量发展，必须将优化生态环境质量的责任落到实处。山东的园区经济特征明显，各级各类工业园区在经济社会发展中发挥了重要的吸纳集聚和辐射带动作用。从产业布局看，集中区存在产业类同、产业整合不够、专业特色不强、产业集聚效应不明显等现象。大企业、大项目不多，特别是附加值高、创税多、后劲强的项目比较缺乏。在经济高质量发展的新阶段，山东要以工业园区为抓手，按照高要求、高起点、高标准的要求，着力打造精致化、高品质的园区。按照控制总量、淘汰落后、集聚发展、产业延伸、专业分工的要求，着力改造提升传统主导产业，加快集中区产业转型提升。切实提升装备水平、工艺技术和新品研发能力，实现传统产业高新化，重点通过引进技术、人才、合资、合作等途径发展新兴产业。以创新引领园区工业转型升

第八章 优化山东半岛城市群产业分工合作的对策与建议

级，重点扶持和孵化一批研发力度大、产业化速度快、有核心技术、有自主品牌、有优势产品、有发展潜力的高新企业群。推进政产学研合作，促进科技成果快速地渗入集中区制造业，实现达产高产。促使要素配置于集中区转型提升，加大对导向项目、装备投资、技术研发、专利申请、人才引进、品牌建设、新产品开发、节能减排、淘汰落后等方面奖补力度，进一步拓展为集中区企业服务的融资、人才、信息、技术、协会等平台支撑，扩大集中区企业、产品、品牌的对外宣传推介，为推动集中区可持续精明增长注入新的动力。

更加自觉地落实环保优先方针，推动建立绿色低碳循环的产业体系。一是要研究制定"三位一体"的环境准入制度。以"高起点上新跨越、高平台上新提升"为目标，探索项目准入、空间准入、总量准入"三位一体"的环境准入制度，实行环保分区控制，分类指导，从环境保护的角度引导产业科学发展和合理布局。二是要研究如何采取有保有压的产业发展策略。推动新材料、装备制造、新能源、高端智能装备、电子信息等新兴产业发展，提升金属新材料及制品、装备制造等支柱产业的核心竞争力和品牌影响力。严格控制电力、钢铁、化工、电镀、纺织印染等传统产业规模扩张，加快技术进步，实现传统产业升级换代。三是要研究如何加快淘汰落后产能。要始终把集中区产业整治、节能减排、淘汰落后作为倒逼转型升级的重要抓手，坚决控制高能耗、高污染和低水平重复建设。按照"关、停、并、转"的要求，梳理现有安全、环保、节能不达标企业，对占用资源大、污染排放高、产出效益低、税收贡献少、产品档次低、生产工艺落后的产能，倒排时间表，坚决实施梯度转移和关停。结合化解过剩产能，依法淘汰电力、冶金、建材、纺织印染、化工等行业能耗高、污染重、安全隐患多的生产工艺、技术装备和产品。四是要研究如何提升工业园区的循环化生态化水平。应该把节能减排的责任，更有效率地落实到企业主体上，强化督查考核机制，从源头上减少污染。企业应积极推行绿色企业管理，对园区进行循环化改造，深入推进生态工业园区创建工作。现在，国际上许多先进国家和城市，都在这方面做了诸多深度谋划。比如，韩国提出"低碳绿色增长战略"，明确跻身全球七大"绿色大国"之列。日本提出建立"低碳社会战略",实行公共设施零排放,创建领先世界的"环境先进都市",建设国民向往的未来都市。山东要率先实现发展转型,也应该致力于整合各方面乃至全球的资源,推进节能减排和环保,创造条件、创造优势,率先打造形成低碳社会。

除了要提高政府监管服务力度外,应该把节能减排的责任,更有效率地落到企业主体上,增强企业的社会责任感,强化督查考核机制,从源头上减少污染。充分发挥全体市民在生态环境保护优化中的主观作用,增强市民的环保意识,强调其在生态文明建设中的重要作用,使人人都有使命感,从自身做起,把山东建设得更加低碳、更加美丽。

二 大力发展现代物流业,构建高效畅通的交通体系

相较发达地区,山东省物流业不够发达,不利于货物、产品、服务的运输。所以,要提升运输服务能力,山东要大力发展现代物流业。首先,物流企业要以联动融合为突破口,建立新型的产业联动战略合作关系,打造一体化竞争优势。鼓励有实力的物流企业开展第三方物流,拉长物流供应链,实现物流上下游多行业融合,推动多行业融合发展。围绕制造行业,可提供专业的包括零部件、产成品全过程的咨询、采购、仓储、配送、运输、技术服务等一体化供应链物流服务。围绕商贸流通行业,开展从提供物流方案设计到运输、仓储、分拣包装、流通加工、区域配送、供应链融资等高端物流服务。鼓励专业市场发展电子商务,打造虚拟交易平台,促进其和实体平台的融合。其次,重点做大做强以农副食品加工业;纺织业等优势行业的市场群,在鼓励优势市场发展的同时合理规划引导市场布局,避免同类型市场低水平重复建设。引导市场之间错位发展,塑造主力交易品种;鼓励市场内部合作和跨区域合作,共建通用电子交易平台,形成山东制造业大市场的整体竞争力和品牌形象;共建共享物流、仓储等功能设施,提高规模效应和使用效率。最后,引导物流设施资源集聚集约发展,培育一批具有较强服务能力的生产服务型、生活服务型的物流园区和配送中心。政府应牵头和组织各相关部门和企业,将现有

规模小、散弱的物流集约化，共同打造大物流平台，实现高效、便捷、低成本发展。

进入新时代后，我们所说的"路"不再是传统意义上的水路、公路，而是紧密衔接的立体化交通网络体系。随着经济的进一步转型升级，要扭转一个地区的发展理念和发展方式，离不开对交通的改革发展。山东要形成现代制造业集群，如果没有便利的交通网络，难以促进产业集聚，要实现高质量发展，也离不开高质量的交通格局。在交通基础设施建设方面，山东一度领先，甚至曾有"广东的桥、山东的路"这类美誉。但近些年，山东的交通发展不尽如人意，而交通网络的不够健全在很大程度上会影响区域沟通交流、影响原料及产品的运输、影响人口的流动等。山东应将交通一体化作为区域协调发展的先行领域，加快构建快速、便捷、高效、安全、大容量、低成本的互联互通综合交通网络。

目前全国进入高铁时代，但山东高铁滞后局面仍然存在。比如滨州位于京津冀地区的东南侧、冀鲁交界处，交通设施建设相对薄弱；东营地处交通末端的状况短期内难以改善，物流成本高和出行困难成为其高质量发展的短板。为了改善山东的交通环境质量，2018 年 9 月，山东省委、省政府出台《山东省综合交通网中长期发展规划（2018—2035 年）》，力争通过一定时期的发展改变山东的交通面貌，为山东经济社会发展注入新的动力。在高铁方面，规划用 5 年时间新建 4500 千米高铁，实现"一二三"目标，即实现济南、青岛到省内周边市 1 个小时，济南到青岛 2 个小时，距离最远的菏泽和威海之间用不到 3 个小时，同时从济南出发 3 个小时左右时间可以抵达 14 个主要城市，覆盖 7.7 亿人。目前，山东正在大力实施高速公路"加密、扩容、提速、增智"，全面加快高速公路重点项目建设。到 2025 年，山东省内高速公路及在建里程将达到 10000 千米，省际出口超过 30 个，基本实现"县县双高速"，最终构建形成快速高效便捷的水陆空一体化运输网络，提供更加完善、充足的运输服务支持。

三　完善基础设施建设，提升民生温度

在 2022 年《政府工作报告》中，"坚持以人民为中心的发展思

想，依靠共同奋斗，扎实推进共同富裕，不断实现人民对美好生活的向往""坚持政府过紧日子，更好节用裕民""让更多劳动者掌握一技之长、让三百六十行行行人才辈出""加强民生兜底保障和遇困群众救助，努力做到应保尽保、应助尽助"等字眼让我们看到政府在全心全意为人民服务上做的努力。2022年山东省经济工作会议召开，对山东省经济发展形势和未来趋势提出新的要求，巩固山东省经济稳中向好、进中提质态势，必须增强投资、消费、外贸对经济增长协调拉动作用，为此专门部署了"十大行动"，其中"第一个行动"就是拉动投资的"基础设施七网行动"。这些要求给山东半岛城市群未来的发展提出新的要求和更多挑战。

要注重加强优质资源的辐射带动效应。不同层面的公共资源其辐射效应是不同的，这尤其体现在对公共资源质量要求最高的医疗资源上。山东有多家优质三级甲等医院，对周边地区乃至其他省市就医人口具有较强的集聚效应，未来如何利用其辐射效应带动社区卫生服务中心的发展，以医引才，吸引更多高端人才，需要进一步思考。

环境是气候，企业是"候鸟"，哪里环境好，企业就飞到哪里安家。城市不做大做强，很难聚集吸引高端要素和资源，所以以济南、青岛为代表的城市需要在政府发挥效力基础上，引入社会力量，积极增设国际化配套设施服务，通过开展国际办学、打造国际社区公寓、参与"一带一路"建设等多措并举，不断提高济南、青岛等城市在国际、国内的"存在感"，进一步丰富城市国际化元素。同时，要提高对外开放水平，还需要在教育、医疗、社会治理等多方面发力，全面统筹山东社会事业发展，完善社会民生服务，以济南市槐荫区的做法为例，随着"三孩"政策的全面实施和人们对早期教育的日益重视，槐荫区积极作为，支持社会力量兴办托育服务机构。一是加大资金扶持。槐荫区先后拨付40多万元的奖补资金、5万元生均经费支持济南二机床集团有限公司幼儿园的发展，把幼儿园建设成托幼一体化试点园。2019年3月济南二机床集团有限公司幼儿园成功开设小托班，招收44名2—3岁婴幼儿。二是加大知识培训。积极组织教师参加保育知识培训、卫生保健知识培训等培训班；请老教师对年轻教师进行日常生活护理、教育技巧等方面的培训；积极推广2017年济南二机床集团有限公司幼儿园省级研究课题《关于幼儿园教保融合的实践研究》的研究成果，把幼儿园教保融合的理念和做法拓展到小托班，边实践边继续研究；指导教师加强学习，如0—3岁幼儿的卫生学、教育学，婴幼儿游戏、婴幼儿观察等，全面提高教师的保育水平，整体上取得了非常好的效果。另外，各地还应该积极出台吸引高端资源和人才的税收、住房和子女教育方面的优惠政策，坚持筑巢留才，加快留学人员创业园等人才载体转型升级步伐，拓展空间、丰富功能、提升水平。着力完善人才公寓、医疗机构和中小学校等现代服务功能，增强高端人才和技术骨干扎根山东的意愿。

参考文献

白洁：《长江中游城市群产业分工协作的基础条件分析》，《湖北社会科学》2012年第6期。

柏拉图：《理想国》，郭斌、张竹明译，商务印书馆1986年版。

北村嘉行：《评〈中国工业地理〉和〈中国工业布局的理论和实践〉》，《地理学报》1991年第3期。

彼得·格罗奈维根著：《〈政治经济学与经济学〉新帕尔格雷夫经济学大辞典》（第一卷），陈岱老译，经济科学出版社1996年版。

毕学成、谷人旭等：《制造业区域产业专业化、竞合关系与分工——基于江苏省市域面板数据的计量分析》，《长江流域资源与环境》2018年第10期。

毕玉凯：《空间视角下我国城市产业集聚演变和功能分工研究》，硕士学位论文，山东大学（威海），2018年。

曹阳：《区域产业分工与合作模式研究》，博士学位论文，吉林大学，2008年。

常爱华：《区域科技资源集聚能力研究》，博士学位论文，天津大学，2012年。

车磊等：《关中城市群服务业空间相互作用研究》，《资源开发与市场》2017年第11期。

陈才：《区域经济地理学》，科学出版社2001年版。

陈恒、王蕾：《小岛清的边际产业扩张论评介》，《商业经济》2008年第18期。

陈健生：《区域产业经济分析》，西南财经大学出版社2014年版。

陈俊梁等：《长三角地区乡村振兴发展水平综合评价研究》，《华东经济管理》2020 年第 3 期。

陈亮：《乡村振兴战略下小农户与现代农业发展有机衔接研究——以潍坊为例》，《青岛农业大学学报》（社会科学版）2019 年第 1 期。

陈少沛、丘健妮等：《基于潜力模型的广东城市可达性度量及经济联系分析》，《地理与地理信息科学》2014 年第 6 期。

陈秀山、徐瑛：《中国制造业空间结构变动及其对区域分工的影响》，《经济研究》2008 年第 10 期。

初楠臣、姜博：《哈大齐城市密集区空间联系演变特征——基于东北振兴战略实施前后的视角》，《经济地理》2015 年第 3 期。

戴特奇等：《空间相互作用与城市关联网络演进——以我国 20 世纪 90 年代城际铁路客流为例》，《地理科学进展》2005 年第 2 期。

樊福卓：《区域分工：理论、度量与实证研究》，博士学位论文，上海社会科学院，2009 年。

范剑勇：《市场一体化、地区专业化与产业集聚趋势——兼谈对地区差距的影响》，《中国社会科学》2004 年第 6 期。

方大春、王婷：《长江经济带各省市制造业重点行业选择研究》，《长江大学学报》（社会科学版）2019 年第 6 期。

方惠娟：《长三角区域产业协同发展研究分析》，《统计科学与实践》2021 年第 6 期。

高鹏：《六大经济走廊城市群经济联系强度及影响因素研究》，硕士学位论文，昆明理工大学，2020 年。

高杨：《山东与"一带一路"沿线国家经贸合作潜力持续释放》，《中国经济导报》2021 年 5 月 6 日第 6 版。

葛帅：《合肥都市圈产业空间组织研究》，硕士学位论文，安徽财经大学，2021 年。

顾锋、梅琳：《区域经济发展与政府的宏观调控职能》，《安徽农业大学学报》（社会科学版）2009 年第 2 期。

郭凡生、朱建芝：《西部开发与"西部理论"》，《科学管理研究》1985 年第 6 期。

《海尔（4）》，豆丁网，https：//www.docin.com/p-299485341.

html.

郝涛:《基于都市圈视角下的济南城市发展研究》,《山东社会科学》2012年第10期。

贺灿飞等:《中国制造业省区分布及其影响因素》,《地理研究》2008年第3期。

胡俊文:《论"雁行模式"的理论实质及其局限性》,《现代日本经济》2000年第2期。

黄春英:《新形势下基层环境保护发展思路探析——以江苏省江阴市为例》,《中共合肥市委党校学报》2017年第3期。

黄盼:《长三角地区产业结构升级与高技术产业同构化的关系研究》,硕士学位论文,上海师范大学,2017年。

黄晓燕等:《海南省区域交通优势度与经济发展关系》,《地理研究》2011年第6期。

黄智聪、潘俊男:《中国大陆地区制造业产业结构的决定因素》,《中国大陆研究》2002年第2期。

济南市统计局、国家统计局济南调查队:《2021年济南市国民经济和社会发展统计公报》,《济南日报》2022年3月4日第A06版。

江南:《让智慧城市更聪明更暖心》,《人民日报》2021年3月22日第6版。

姜博等:《哈大齐城市密集区空间经济联系测度及其动态演进规律》,《干旱区资源与环境》2015年第4期。

姜博等:《辽中南城市群城市流分析与模型阐释》,《经济地理》2008年第5期。

姜海宁:《长三角主要中心城市对外经济联系分析》,硕士学位论文,南京师范大学,2009年。

蒋媛媛:《中国地区专业化促进经济增长的实证研究:1990—2007年》,《数量经济技术经济研究》2011年第10期。

金煜等:《中国的地区工业集聚:经济地理、新经济地理与经济政策》,《经济研究》2006年第4期。

康江江等:《苹果手机零部件全球价值链的价值分配与中国角色

演变》,《地理科学进展》2019 年第 3 期。

孔令池:《中国制造业布局特征及空间重塑》,《经济学家》2019 年第 4 期。

黎峰:《新形势下中国开放型经济如何化危为机?》,《当代经济管理》2020 年第 10 期。

李爱花:《雁行高飞——红色前阙庄村的逆袭之路》,《走向世界》2021 年第 31 期。

李春根、李志强:《以"互联网+政务服务"引领政府治理现代化》,《中国行政管理》2016 年第 7 期。

李国平、许扬:《梯度理论的发展及其意义》,《经济学家》2002 年第 4 期。

李国平、赵永超:《梯度理论综述》,《人文地理》2008 年第 1 期。

李慧玲、戴宏伟:《京津冀与长三角城市群经济联系动态变化对比——基于城市流强度的视角》,《经济与管理》2016 年第 2 期。

李健英:《马克思经济学分工理论的一个基本视角》,《华南师范大学学报》(社会科学版)2014 年第 6 期。

李金华:《中国先进制造业技术效率的测度及政策思考》,《中国地质大学学报》(社会科学版)2017 年第 4 期。

李晶:《北京市产业调整疏解研究》,硕士学位论文,首都经济贸易大学,2015 年。

李具恒、李国平:《区域经济发展理论的整合与创新——基于梯度推移理论内在机理的扩展分析》,《陕西师范大学学报》(哲学社会科学版)2004 年第 4 期。

李凌雁、刘丽娟:《河北省先进制造业发展水平测度及优化对策》,《河北经贸大学学报》(综合版)2018 年第 4 期。

李响:《基于社会网络分析的长三角城市群网络结构研究》,《城市发展研究》2011 年第 12 期。

李雨晨:《高铁开通对企业生产率和企业利润率的影响研究》,硕士学位论文,山东大学,2020 年。

梁怀、王书芳：《略论工业布局的地域分工》，《中南财经政法大学学报》1983年第5期。

梁琦：《分工、集聚与增长》，商务印书馆2009年版。

梁琦、黄利春：《要素集聚的产业地理效应》，《广东社会科学》2014年第4期。

廖安勇：《东北地区制造业转型升级路径研究》，博士学位论文，东北师范大学，2022年。

林纯静：《长三角城市群创新能力的空间特征及影响因素分析》，硕士学位论文，中共浙江省委党校，2019年。

林娜：《工业结构优化升级对中国工业绿色全要素生产率影响的实证研究》，硕士学位论文，东北财经大学，2020年。

刘秉镰、杜传忠：《区域产业经济概论》，经济科学出版社2010年版。

刘俊显、罗贵榕：《农业现代化建设中的问题和路径探究》，《农业经济》2021年第9期。

刘兰星：《实施"八大行动"，打造"国际门户枢纽城市"》，《青岛日报》2022年9月21日第5版。

刘丽娟：《梯度推移理论视角下的区域旅游资源开发研究——以甘肃省河西走廊为例》，硕士学位论文，西北师范大学，2009年。

刘青青、石丹：《"84派"张瑞敏："交付"海尔》，《商学院》2021年第12期。

刘艳军等：《城市区域空间结构：系统演化及驱动机制》，《城市规划学刊》2006年第6期。

刘元：《农业经济可持续发展中存在的问题及其对策分析》，《南方农业》2020年第26期。

柳坤、申玉铭：《国内外区域空间相互作用研究进展》，《世界地理研究》2014年第1期。

卢锋：《产品内分工》，《经济学（季刊）》2004年第1期。

卢昱嘉、陈秧分等：《面向新发展格局的我国农业农村现代化探讨》，《农业现代化研究》2022年第2期。

鲁金萍等:《京津冀城市群经济联系网络研究》,《经济问题探索》2015年第5期。

鲁言:《实施乡村振兴战略 着力打造乡村振兴齐鲁样板(上)》,《山东干部函授大学学报》(理论学习)2018年第9期。

陆大道:《关于"点—轴"空间结构系统的形成机理分析》,《地理科学》2002年第1期。

陆大道:《区位论与区域研究方法》,科学出版社1988年版。

逯笑微、原毅军:《辽宁沿海经济带城市群的经济空间联系及政策协调》,《辽宁大学学报》(哲学社会科学版)2014年第2期。

路江涌、陶志刚:《中国制造业区域聚集及国际比较》,《经济研究》2006年第3期。

罗胤晨、谷人旭:《1980—2011年中国制造业空间集聚格局及其演变趋势》,《经济地理》2014年第7期。

马刚:《一季度山东对一带一路沿线国家贸易逆势增长》,《国际商报》2020年4月30日第7版。

马佳卉、贺灿飞:《中间产品贸易网络结构及其演化的影响因素探究——基于贸易成本视角》,《地理科学进展》2019年第10期。

马燕坤、张雪领:《中国城市群产业分工的影响因素及发展对策》,《区域经济评论》2019年第6期。

毛广雄等:《高新技术产业集群化转移的空间路径及机理研究——以江苏省为例》,《经济地理》2015年第12期。

孟德友、陆玉麒:《基于引力模型的江苏区域经济联系强度与方向》,《地理科学进展》2009年第5期。

孟德友、陆玉麒:《中部省区制造业区域专业化分工与竞合关系演进》,《地理科学》2012年第8期。

苗洪亮:《我国城市群空间结构、内部联系对其经济效率的影响研究——基于十大城市群面板数据的分析》,博士学位论文,中央财经大学,2017年。

沐小方:《马克思分工思想研究》,硕士学位论文,上海师范大学,2015年。

宁越敏、石崧：《从劳动空间分工到大都市区空间组织》，科学出版社 2011 年版。

乔增宝：《长三角产业同构研究》，硕士学位论文，上海交通大学，2008 年。

任碧云、贾贺敬：《基于内涵重构的中国制造业产业升级测度及因子分析》，《经济问题探索》2019 年第 4 期。

尚勇敏、曾刚：《区域经济发展模式内涵、标准的再探讨》，《经济问题探索》2015 年第 1 期。

盛洪：《分工、生产费用和交易费用》，《上海经济研究》1992 年第 2 期。

盛洪：《分工与交易——一个一般理论及其对中国非专业化问题的应用分析》，上海人民出版社 2006 年版。

史雅娟等：《中原城市群产业分工格局演变与功能定位研究》，《经济地理》2017 年第 11 期。

苏红键：《空间分工理论与中国区域经济发展研究》，博士学位论文，北京交通大学，2012 年。

苏建军、徐璋勇：《金融发展、分工与经济增长——理论与实证研究》，《工业技术经济》2015 年第 6 期。

孙斌栋、丁嵩：《大城市有利于小城市的经济增长吗？——来自长三角城市群的证据》，《地理研究》2016 年第 9 期。

孙翠兰：《西方空间集聚—扩散理论及北京城区功能的扩散》，《经济与管理》2007 年第 6 期。

孙久文等：《高质量发展理念下的京津冀产业协同研究》，《北京行政学院学报》2020 年第 6 期。

孙久文、姚鹏：《京津冀产业空间转移、地区专业化与协同发展——基于新经济地理学的分析框架》，《南开学报》（哲学社会科学版）2015 年第 1 期。

孙源泽：《开放前沿，齐鲁风景正好》，《大众日报》2022 年 10 月 4 日第 8 版。

孙正等：《我国生产性服务业与制造业协同集聚程度测算研

究——基于产业与城市群的视角》,《统计研究》2022 年第 3 期。

汤放华等:《长江中游城市集群经济网络结构研究》,《地理学报》2013 年第 10 期。

陶鹏:《马克思分工理论研究》,硕士学位论文,黑龙江省社会科学院,2009 年。

藤田昌久、保罗·克鲁格曼、安东尼·J.维纳布尔斯:《空间经济学——城市、区域与国际贸易》,梁琦主译,中国人民大学出版社 2005 年版。

汪玲:《长江经济带产业分工水平评价及其影响因素研究》,硕士学位论文,安徽大学,2018 年。

汪榆淇:《尺度重构视阈中的长江中游城市群政府治理研究》,硕士学位论文,华中师范大学,2018 年。

王春萌等:《长三角城市群服务业空间分工及其经济联系》,《企业经济》2018 年第 12 期。

王春萌等:《长三角经济圈产业分工及经济合作潜力研究》,《上海经济研究》2016 年第 5 期。

王春萌、谷人旭:《空间分工对区域经济增长的影响研究——以长三角地区为例》,经济科学出版社 2018 年版。

王春萌:《加快完善社会主义市场经济体制 助力山东经济高质量发展》,《山东干部函授大学学报(理论学习)》2020 年第 6 期。

王春萌、罗胤晨:《长三角地区工业分工合作及其经济联系研究》,《青岛科技大学学报》(社会科学版)2020 年第 4 期。

王春萌:《山东半岛城市群空间经济联系测度》,《经济论坛》2019 年第 11 期。

王海燕、许培源:《厦漳泉同城化中的产业分工与合作模式研究》,《福建论坛》(人文社会科学版)2015 年第 3 期。

王宏顺:《产业集群的财政支持政策研究》,博士学位论文,河北大学,2008 年。

王会军等:《沿海经济带发展开放型经济的对策研究》,《开发与管理》2015 年第 2 期。

王缉慈：《超越集群：中国产业集群的理论探索》，科学出版社 2010 年版。

王晶、林如意：《数字经济提升农业全球价值链分工地位了吗？——基于世界投入产出数据的分析》，《价格月刊》2022 年第 6 期。

王静文：《"雁行模式"与中国的产业区域转移》，硕士学位论文，吉林大学，2004 年。

王青等：《城市群功能分工对经济高质量发展的影响——基于长三角城市群面板数据的实证分析》，《企业经济》2020 年第 5 期。

魏后凯：《大都市区新型产业分工与冲突管理——基于产业链分工的视角》，《中国工业经济》2007 年第 2 期。

魏后凯、王颂吉：《中国"过度去工业化"现象剖析与理论反思》，《中国工业经济》2019 年第 1 期。

魏聚刚、吴忠茜：《新发展理念破解新时代社会主要矛盾探析》，《洛阳师范学院学报》2021 年第 7 期。

文丰安：《全面实施乡村振兴战略：重要性、动力及促进机制》，《东岳论丛》2022 年第 3 期。

周亮：《稳中求进，向共同富裕迈出坚定步伐——政府工作报告绘蓝图 民政踔厉奋发写答卷》，《中国社会报》2022 年 3 月 6 日第 4 版。

吴方荣：《加快农业现代化发展路径探讨》，《当代县域经济》2022 年第 5 期。

吴晓波、聂品：《现代国际领域产品生命周期研究——对弗农（Vernon）学说的一种拓展》，《国际贸易问题》2005 年第 5 期。

吴玉珊：《泉州制造业全要素生产率变动的实证研究》，《泉州师范学院学报》2022 年第 2 期。

夏禹龙、冯之浚：《梯度理论和区域经济》，《研究与建议》1982 年第 8 期。

向国成等：《马克思恩格斯的分工与市场思想及其当代价值》，《经济学动态》2021 年第 9 期。

肖冰、吴诗翩：《基于结构方程模型的农业农村现代化影响因素分析》，《江苏农业科学》2021年第4期。

徐廷廷：《长江经济带产业分工合作演化研究》，博士学位论文，华东师范大学，2015年。

许抄军等：《基于广义梯度理论的雷州半岛发展研究》，《经济地理》2011年第12期。

薛求知、徐忠伟：《企业生命周期理论：一个系统的解析》，《浙江社会科学》2005年第5期。

颜之宏：《"城市大脑"为"堵城"疏堵》，《新华每日电讯》2019年5月10日第13版。

杨公仆：《产业经济学》，复旦大学出版社2005年版。

杨文智等：《区域分工与发展的产业集群战略》，《生产力研究》2008年第18期。

杨晓琰、郭朝先：《加强国际产能合作推进"一带一路"建设高质量发展》，《企业经济》2019年第7期。

姚成胜等：《农业劳动力转移与农业机械化对中国粮食生产的关联影响分析》，《农业现代化研究》2022年第2期。

尹美群等：《"一带一路"背景下海外投资风险》，经济管理出版社2018年版。

于谨凯、马健秋：《山东半岛城市群经济联系空间格局演变研究》，《地理科学》2018年第11期。

于晴初：《日本纺织产业雁行发展模式分析》，硕士学位论文，对外经济贸易大学，2010年。

俞晓婷、欧文彪：《边际产业扩张理论述评及其对中国产业发展的启示》，《时代经贸（中旬刊）》2008年第S7期。

袁丰等：《江苏省沿江开发区空间分工、制造业集聚与转移》，《长江流域资源与环境》2009年第5期。

约翰·梅勒：《农业经济发展学》，中国农业大学出版社1990年版。

张敦富：《区域经济学原理》，中国轻工业出版社1999年版。

张二震等：《高水平开放与共同富裕：理论逻辑及其实践路径》，《南京社会科学》2022年第4期。

张富禄：《先进制造业基本特征与发展路径探析》，《中州学刊》2018年第5期。

张国栋等：《省委经济工作会议在济南举行》，《联合日报》2021年12月29日第1版。

张可云：《区域分工与区域贸易保护的理论分析》，《理论研究》2000年第5期。

张日波：《分工思想何以被忽视——以马歇尔为中心的思想史考察》，《经济理论与经济管理》2012年第1期。

张婷麟、孙斌栋：《全球城市的制造业企业部门布局及其启示——纽约、伦敦、东京和上海》，《城市发展研究》2014年第4期。

张维阳等：《中国高新技术产业的地理格局与地理集中》，《长江流域资源与环境》2011年第7期。

张旭亮：《从本地市场到新国际劳动分工——浙江省的城市发展动力》，博士学位论文，华东师范大学，2011年。

张彦、施晓萍：《全球价值链调整与西南地区制造业的高质量发展：困境与路径》，《生态经济》2022年第9期。

张艳清：《试论社会分工的伦理价值》，《经济与社会发展》2004年第9期。

张永国等：《全国农业看山东山东农业看潍坊——聚焦新时代潍坊创新提升"三个模式"的生动实践》，《走向世界》2021年第31期。

赵勇：《区域一体化视角下的城市群形成机理研究》，博士学位论文，西北大学，2009年。

郑家兴：《财税政策支持我国制造业创新效应研究》，博士学位论文，江西财经大学，2021年。

郑文皓：《科学知识在精细社会建设中的作用研究》，硕士学位论文，西北农林科技大学，2014年。

《中共中央国务院印发长江三角洲区域一体化发展规划纲要》，

《人民日报》2019年12月2日第1版。

钟丽娜、李松柏：《陕西省农业现代化发展水平综合评价》，《农业现代化研究》2018年第1期。

钟瑶：《湖北省农业区域专业化水平测度及影响因素分析》，硕士学位论文，华中师范大学，2018年。

周丹：《辽宁省物流产业集群竞争力评价研究》，硕士学位论文，大连海事大学，2012年。

周芳：《新一线城市"下血本"争总部，中国城市格局正重写》，《决策探索（上）》2019年第4期。

周其森：《为农业农村现代化建设贡献力量——山东省创新实践乡村振兴战略》，《光明日报》2018年10月12日第5版。

周叶中、张彪：《促进我国区域协调组织健康发展的法律保障机制研究》，《学习与实践》2012年第4期。

周一珉：《区域产业分工的机理研究——以浙中地区为例》，硕士学位论文，浙江师范大学，2009年。

朱李鸣：《产业集群发展的国际经验及启示》，《浙江经济》2007年第10期。

朱颖：《山东半岛制造业产业集群发展研究》，硕士学位论文，山东大学，2006年。

朱玉春等：《我国农业现代化的制约因素与对策》，经济与管理研究》2003年第3期。

资娟：《长株潭经济一体化中的区域增长极研究》，硕士学位论文，湖南大学，2009年。

邹琳等：《长江经济带的经济联系网络空间特征分析》，《经济地理》2015年第6期。

Akerlof G. A., "Social Distance and Social Decisions", *Econometrica*, Vol. 65, No. 5, 1997, pp. 1005-1027.

Alonso W., *A Theory of Movements*, Massachusetts: Ballinger Publishing Company, 1978, pp. 197-211.

Banister D. and Berechman Y., "Transport Investment and the Promotion of Economic Growth", *Journal of Transport Geography*, Vol. 9, No. 3, 2001, pp. 209-218.

Besussi E., et al. "Used City of the Italian North-East: Identification of Urban Dynamics Using Cellular Automata Urban Models", Computers, *Environment and Urban Systems*, Vol. 22, No. 5, 1998, pp. 497-523.

Black W. R., "Toward a Factorial Ecology of Flows", *Economic Geography*, Vol. 49, No. 1, 1973, pp. 59-67.

Castells M., *The Information City: Information Technology, Economic Restructuring, and the Urban-Regional Process*, Oxford: Basil Blackwell, 1989.

Converse P. D., "New Laws of Retail Gravitation", *Journal of Marketing*, No. 14, 1949, pp. 379-384.

Dicken P., *Global Shift: Reshaping the Global Economic Map in the 21st Century*, London: Sage Publications Ltd., 2003.

Dickinson R. E., "The Metropolitan Regions of the United States", *Geographical Review*, Vol. 24, No. 2, 1934, pp. 278-291.

Donald J. B., Calvin L. B. "*Economic areas of the United States*", New York: Free Press of Glencoe, 1961.

Dorigo G. and Tobler W., "Push-Pull Migration Laws", *Annals of the Association of American Geographers*, Vol. 73, No. 1, 1983, pp. 1-17.

Fridemann J., *Regional Development Policy: A Case Study of Venezuela*, Massachusetts: The MIT Press, 1966, pp. 11-19.

Fujita M. P., et al., *The Spatial Economy: Cities, Regions and International Trade*, Cambridge: MIT Press, 1999.

Gilmour J. M., *Spatial Perspectibes on Industrial Organization and Decision Making*, New York: Wiley, 1974.

Ginsburg N., "The Extended Metropolis: Settlement Transition in Asia: A New Spatial Paradigm", *in The Extended Metropolis: Settlemet Transition in Asia*, edited by N. Ginsburg et al., Honolulu: University of Hawii

Press, 1991.

Goletsis Y. and Chletsos M. , "Measurement of Development and Regional Disparities in Greek periphery: A Multivariate Approach", *Socio-economic Planning Sciences*, Vol. 45, No. 4, 2011, pp. 174-183.

Golledge R. G. , "A Geographic Analysis of Newcastle's Rail Freight Traffic", *Economic Geography*, Vol. 39, No. 1, 1963, pp. 60-73.

Gottmann J. , *Megalopolis: The Urbanized Northeastern Seaboard of The United States*, Cambridge: The MIT Press, 1961.

Guoqiang Shen, "Reverse-fitting the Gravity Model to Inter-city Airline Passenger Flows by an Algebraic Simplification", *Journal of Transport Geography*, Vol. 12, No. 3, 2004, pp. 219-234.

Hansen W. G. , "How Accessibility Shapes Land Use", *Journal of American Institute of Planners*, Vol. 25, No. 1, 1959, pp. 73-76.

Hardeman E. and Jochemsen H. , "Are There Ideological Aspects to the Modernization of Agriculture?", *Journal of Agricultural and Environmental Ethics*, No. 5, 2012, pp. 657-674.

Harris C. D. , "A Function Classification of Cities in the United States", *Geographical Review*, Vol. 33, No. 1, 1943, pp. 86-99.

Hesse M. and Rodrigue J. , "The Transport Geography of Logistics and Freight Distribution", *Journal of Transport Geography*, No. 12, 2004, pp. 171-184.

Hirschman A. O. , *The Strategy of Economic Development*, New Haven: Yale University Press, 1968.

Hoffmann W. G. , *Das Wachstum Der Deutschen Wirtschaft Seit der Mitte des 19. Jahrhunderts*, Berlin Heidelberg: Springer-Verlag, 1965.

Hugo P. , et al. , "Mobility and Spatial Dynamics: An Uneasy Relationship", *Journal of Transport Geography*, Vol. 9, No. 3, 2001, pp. 167-171.

Josef K. et al. , "Retail Gravity Models, Shopping Habits and Shopping Centres: The Case of the Brno Agglomeration a Contribution to the

Study of Daily Urban Systems", *Sociologicky Casopis-czech Sociological Review*, Vol. 48, No. 5, 2012, pp. 879-910.

Jungyul S., "Do Birds of a Feather Flock Together? Economic Linkage and Geographic Proximity", *Annals of Regional Science*, Vol. 38, No. 1, 2004, pp. 47-73.

Krugman P., "Increasing Returns and Economic Geography", *Journal of Political Economy*, Vol. 99, No. 3, 1991, pp. 483-499.

Lynch K., *Good City Form*, Boston: University of Harvard Press, 1980.

Mark W. H. and Morton E. O., "Embedding Economies of Scale Concepts for Hub Network Design", *Journal of Transport Geography*, Vol. 9, No. 4, 2001, pp. 255-265.

Marshall A., *Principles of Economics*, New York: Maxmillan, 1890.

Martelli C. and Bellini E., "Using Value Network Analysis to Support Data Driven Decision Making in Urban Planning", *International Conference on Signal-image Technology & Internet-based Systems*, IEEE, 2014.

Mcgee T. G., "Urbanisasi or Kotadesasi?: The Emergence of New Regions of Economic Interaction in Asia", In Costa F. J. et al., ed., *Urbanization in Asia*, Honilulu: University of Hawii Press, 1991, pp. 89-111.

Meyer D. R., *A Dynamic Model of the Integration of Frontier Urban Places into the United States System of Cities*, Economic Geography, Vol. 56, No. 2, 1980, pp. 120-140.

Mun S. I., "Transport Network and System of Cities", *Journal of Urban Economics*, Vol. 42, No. 2, 1997, pp. 205-221.

Mulgan G. J., *Communication and Control: Networks and the New Economics of Communication*, Oxford: Polity Press, 1991.

Pavlos S. K., et al., "Economic Impacts of Highway Infrastructure Improvements Part 2 The Operational Model and its Application to Ontario Communities", *Journal of Transport Geography*, Vol. 6, No. 4, 1998, pp. 251-261.

Petty W., *Another Essay in Political Arithmetick, Concerning the Growth of the City of London with the Measures, Periods, Causes, and Consequences thereof*, 1682/By Sir William Petty (1683), United States: Eebo Editions, Proquest, 2011.

Porter M. E., *The Competitive Advantages of Nations*, New York: The Free Press, 1990.

Pred A. R., "Diffusion, Organizational Spatial Structure, and City-System Development", *Economic Geography*, Vol. 51, No. 3, 1975, pp. 252-268.

Reilly W. J., *Methods for the Study of Retail Relationships*, Austin: University of Texas Press, 1929, pp. 27-56.

Russon M. G. and Farok V., "Population, Convenience and Distance Decay in a Short-haul Model of United States Air Transportation", *Journal of Transport Geography*, Vol. 3, No. 3, 1995, pp. 179-185.

Rykiel Z., "Intra-metropolitan Migration in the Warsaw Agglomeration", *Economic Geography*, Vol. 60, No. 1, 1984, pp. 55-70.

Scott A. J., "The Elementary Theoretical Dynamics of a Competitive Locational System", *Department of Geography*, Toronto: University of Toronto, 1970.

Shaw S. L. and Ivy R. L., "Airline Mergers and Their Effect on Network Structure", *Journal of Transport Geography*, Vol. 2, No. 4, 1994, pp. 234-246.

Smith D. A., "Interaction Within a Fragmented States: The Example of Hawaii", *Economic geography*, Vol. 39, No. 3, 1963, pp. 234-244.

Stouffer S. A., "Intervening Opportunities: A Theory Relating Mobility and Distance", *American Sociological Review*, Vol. 5, No. 6, 1940, pp. 845-867.

Thomas E. N., "Areal Associations between Population Growth and Selected Factors in the Chicago Urbanized Area", *Economic Geography*,

Vol. 36, No. 2, 1960, pp. 158-170.

Tiwari T., et al., "Diffusion-Limited Aggregation in Potato Starch and Hydrogen Borate Electrolyte System", *Advances in Condensed Matter Physics*, Vol. 64, No. 1, 2013, pp. 349-363.

Ullman E. L., *American Commodity Flow*, Seattle: University of Washington Preaa, 1957.

Urlauf S. N., "Spillovers, Stratification, and Inequality", *European Economic Review*, No. 38, 1994, pp. 836-845.

Van Oort F., et al., "On the Economic Foundation of the Urban Network Paradigm: Spatial Integration, Functional Integration and Economic Complementarities within the Dutch Randstad", *Urban Studies*, Vol. 47, No. 4, 2010, pp. 725-748.

Vernon R., "International Investment and International Trade in the Product Cycle", *Quarterly Journal of Economic*, No. 80, 1966, pp. 190-207.

Williamson J. G., "Regional Inequality and the Process of National Development: A Description of the Patterns", *Economic Development and Cultural Change*, Vol. 17, No. 1, 1965, pp. 89-97.

Witten T. A. and Sander L. M., "Diffusion Limited Agglomeration: A Kinetic Phenomenon", *Physical Review Letters*, Vol. 47, No. 19, 1983, pp. 1400-1403.

Wu F. L., "An Experiment on the Generic Polycentri City of Urban Growth in a Cellular Automatic City", *Environment & Planning B Planning & Design*, Vol. 25, No. 5, 1998, pp. 731-752.

Zagozdzon A., *The Regional and Subregional Centers of Poland: General characteristics and Some Methodological Questions*, Wrocaw: Acta Uiversitais Vratislaviesis 513, Studia Geograficzne, 1978, pp. 33.

Zika P. V., "From Subsistence Farming towards a Multifunctional Agriculture: Susta Inability in the Chinese Rural Reality", *Journal of environmental management*, No. 2, 2008, pp. 236-248.

Zipf G. K., "The P1P2/D Hypothesis: On Intercity Movement of Persons", *American Sociological Review*, Vol. 11, No. 6, 1946, pp. 677-686.